El arte de sanar
los traumas de la niñez
(Sobre autoestima y psicoterapia)

Hector Williams Zorrilla

El arte de sanar los traumas de la niñez
(Sobre autoestima y psicoterapia)

Se efectuó el depósito de ley en la Biblioteca del Congreso de los Estados Unidos. Washington, D.C.

Copyright 2025
Hector Williams Zorrilla

©Library of Congress of United States of America
Library of Congress Control Number:

Todos los derechos reservados. Esta publicación no puede ser reproducida, ni en parte ni en un todo, ni registrada en, o transmitida por, un sistema de recuperación de información, en ninguna forma ni por ningún medio, sea mecánico, fotoquímico, electrónico, magnético, electroóptico, por fotocopia o cualquier otro medio, sin permiso previo por escrito del autor.

@El arte de sanar los traumas de la niñez
(Sobre autoestima y psicoterapia)

@Hector Williams Zorrilla

Primera edición – Mayo 2025
United States of América

Cubierta Flexible: ISBN: 979-8-9985318-2-8
© 2025 PUBLICACIONES LIVING MISSION MINISTRIES, INC.

Dedicatoria

Este libro es mi regalo a la humanidad.

Cada ser humano merece y puede sanar los traumas de la niñez.

Mi esposa por entender la lejanía de mis silencios.

Menciones

A mi abuela Dominga.

A mi hermano Ramón.

Andy Lozano: algunas de las ilustraciones del libro las creó él.

ÍNDICE

PROLOGO # 1 .... **13**

PRÓLOGO # 2 .... **15**

UNA PRIMERA INTRODUCCIÓN **21**

UNA SEGUNDA INTRODUCCIÓN **25**

CAPÍTULO INTRODUCTORIO **29**

    UNA CORTA HISTORIA. RAMONITA 30
    EL ARTE DE SANAR LOS TRAUMAS DE LA NIÑEZ. 32
    HECHOS TERAPÉUTICOS IMPORTANTES 33
    LLEVAMOS LA NIÑEZ POR DENTRO 37
    LOS TRAUMAS DE LA NIÑEZ 38
    UNA DEFINICIÓN DE TRAUMA INFANTIL 39
    PRÁCTICA TERAPÉUTICA 46

CAPÍTULO 1. .... **49**

LA RESILIENCIA ES UN ANTÍDOTO PODEROSO CONTRA LOS TRAUMAS DE LA NIÑEZ. **49**

    UNA CORTA HISTORIA. FREDY 49
    EL ARTE DE SANAR LOS TRAUMAS NIÑEZ 50
    UNA BREVE HISTORIA DEL PARADIGMA RESILIENCIA 56
    PRÁCTICA TERAPÉUTICA 62

CAPÍTULO 2. .... **65**

LAS MEMORIAS INFANTILES DUERMEN EN LOS BRAZOS DEL INCONSCIENTE. **65**

    UNA CORTA HISTORIA #1. FERNO 65
    UNA CORTA HISTORIA #2. SALVADOR 66
    PRÁCTICA TERAPÉUTICA 83
    PRÁCTICA TERAPÉUTICA 88
    PRÁCTICA TERAPÉUTICA 94
    PRÁCTICA TERAPÉUTICA 100

PRÁCTICA TERAPÉUTICA 105
PRÁCTICA TERAPÉUTICA 112
PRÁCTICA TERAPÉUTICA 118

CAPÍTULO 3. 121
LAS HISTORIAS DE VIDA SON LOS MATERIALES CRUDOS QUE CREAN CADA VIDA. 121

UNA CORTA HISTORIA. FERNO II 121

1. PARA CURAR LOS TRAUMAS DE LA NIÑEZ, HAY QUE PERDONAR EL PASADO DE PENSAMIENTOS NEGATIVOS CON UN PRESENTE DE PENSAMIENTOS POSITIVOS. 131

PRÁCTICA TERAPÉUTICA 134

2. ¡CÓMO PRACTICAR EN NUESTRAS VIDAS COTIDIANAS LA LEY DE LA ATRACCIÓN: ENERGÍAS SIMILARES SE ATRAEN, ENERGÍAS DESIGUALES SE REPELEN! 137

PRÁCTICA TERAPÉUTICA 143

3. ¡EL PÉNDULO DEL OPTIMISMO: CÓMO VIVIR NUESTRAS VIDAS COMO UN RÍO CAUDALOSO QUE SE DIRIGE HACIA EL OCÉANO! 147

PRÁCTICA TERAPÉUTICA 152

4. ¡PARA RECUPERAR EL PARAÍSO PERDIDO, TENEMOS QUE UTILIZAR SABIAMENTE LA ENERGÍA DEL DINERO EN LA VIDA DIARIA! 155

PRÁCTICA TERAPÉUTICA 167

5. LA CREATIVIDAD Y LA VIDA 171

PRÁCTICA TERAPÉUTICA 173

6. LA IMAGINACIÓN Y LA VIDA: SI LO PODEMOS IMAGINAR, LO PODEMOS CREAR 177

PRÁCTICA TERAPÉUTICA 180

7. LA LEY DE LA GRATITUD: CÓMO VIVIR NUESTRAS VIDAS EN EL AHORA 183

PRÁCTICA TERAPÉUTICA 187

8. ¡LA LEY DE LA LIBERTAD: CÓMO VIVIR NUESTRA VIDA DE ACUERDO A NUESTRA VERDAD! 191

PRÁCTICA TERAPÉUTICA 195

9. ¡LA LEY DEL AMOR: CÓMO VIVIR NUESTRAS VIDAS DE ACUERDO A LO ÚNICO QUE PERDURA! 199

PRÁCTICA TERAPÉUTICA 204

10. ¡LA LEY DEL PERDÓN: CÓMO TRANSITAR NUESTRA JORNADA DE LA VIDA LIVIANO! 209

    Práctica terapéutica 212

CAPÍTULO 4. 215

LAS HORMONAS DE LA FELICIDAD Y EL ARTE DE SANAR LOS TRAUMAS DE LA NIÑEZ. 215

    Una corta historia. Rosa 215
    Práctica terapéutica 230
    Práctica terapéutica 242

SEGUNDA INTRODUCCIÓN DEL LIBRO 247

    Amar no es una obligación, sino un privilegio. 247
    Práctica terapéutica 252
    Práctica terapéutica 260
    Práctica terapéutica 269

CAPÍTULO 5. 275

LOS TRAUMAS DE LA NIÑEZ CABALGAN EN CABALLOS SALVAJES CAPRICHOSOS. 275

    Una corta historia. Rosita 275
    Práctica terapéutica 287

¡SOBRE LAVADO CEREBRAL, SUGESTIÓN E HIPNOSIS! 291

    Práctica terapéutica 297
    Práctica terapéutica 309
    Todos los adultos somos niños creciendo 313
    La codependencia, la libertad y salud emocional 313
    Práctica terapéutica 316
    Práctica terapéutica 327
    La vida es como un río fluyente 335
    Práctica terapéutica 338
    La guía de nuestro GPS interno 346
    Práctica terapéutica 347
    Práctica terapéutica 355
    Práctica terapéutica 365

CAPÍTULO 6. 369

EL SÍNDROME DEL ABANDONO O HERIDAS DE ABANDONO: ALGUNOS EVENTOS Y SITUACIONES TRAUMÁTICAS DIFÍCILES DE TRATAR. 369

    Una corta historia. Josefina 374
    El arte de sanar los traumas de la niñez 375
    Práctica terapéutica 378
    Una corta historia. María 379
    Práctica terapéutica 383

CAPÍTULO 7. 387

EL ARTE DE SANAR LOS TRAUMAS DE LA NIÑEZ, ENFERMEDADES MENTALES, TRASTORNOS DE LA PERSONALIDAD, Y ABUSO DE SUSTANCIAS. 387

    Un poco de historia de los diagnósticos mentales 389
    Síntesis de los diez desórdenes de personalidad: 391
    Una corta historia. Julio 393
    Una corta historia. Marietta 395
    Una corta historia. Rolando 397

CAPÍTULO FINAL 405

    Los tres estados del YO 409
    El padre, el adulto y el niño 410
    Práctica terapéutica 424

Prologo # 1

En el transcurso de la vida, hay momentos que parecen insignificantes, pero que moldean nuestro destino de maneras que solo comprendemos con el tiempo. Cada elección, experiencia, risa y lágrima se entrelaza para formar la historia única de quienes somos. Sin embargo, algunos capítulos pueden estar marcados por sombras, muchas de ellas originadas en la infancia, dejando huellas profundas en nuestra vida adulta.

Este libro, *El arte de sanar los traumas de la niñez*, es un faro para quienes sienten el peso de su pasado y un espacio seguro para quienes buscan comprenderse más profundamente. A través de sus páginas, Héctor Williams Zorrilla nos invita a reexaminar nuestras memorias más remotas, aquellas que residen en los rincones más profundos de nuestro ser, a menudo sin que seamos conscientes de su influencia.

Por medio de relatos conmovedores, reflejo de muchas realidades, el libro muestra cómo los traumas no resueltos pueden convertirse en cargas que dificultan nuestra búsqueda de felicidad y plenitud. Más que un recurso para entender la complejidad del miedo y el dolor, es una guía para el autodescubrimiento, el amor propio y la restauración emocional.

Invito al lector a abrir su corazón y su mente al proceso de sanación. A permitir que la sabiduría contenida en nuestras experiencias de infancia nos ayude a reconocernos y a aceptar que, aunque los patrones del pasado pueden ser difíciles de romper, la transformación siempre es posible. Este libro es un paso hacia una versión más libre y auténtica de nosotros mismos, un recordatorio de que, incluso en los rincones más oscuros de nuestra historia, siempre hay luz.

Con gratitud,
Licda. María Linandra Javier
Especialista en intervención en crisis y traumas.

Prólogo # 2

La infancia es el cimiento sobre el cual construimos nuestra identidad, nuestra manera de relacionarnos con el mundo y la forma en que nos percibimos a nosotros mismos. Sin embargo, muchas veces este cimiento se ve afectado por experiencias dolorosas, carencias emocionales o heridas que, sin darnos cuenta, llevamos con nosotros hasta la adultez. Estas huellas pueden manifestarse en la baja autoestima, en dificultades para establecer relaciones sanas o en una lucha constante con nuestras propias emociones.

"El arte de sanar los traumas de la niñez" es una invitación a mirar hacia adentro con compasión y valentía. A través de un enfoque basado en la psicoterapia y el fortalecimiento de la autoestima, este libro nos ofrece herramientas para comprender, aceptar y transformar las heridas emocionales que han marcado nuestro camino. No se trata solo de recordar el pasado, sino de resignificarlo y dar paso a una versión más libre y plena de nosotros mismos.

En estas páginas encontrarás reflexiones profundas, ejercicios prácticos y estrategias terapéuticas que te ayudarán a navegar por el proceso de sanación con amor y paciencia. Cada capítulo es un paso hacia la reconciliación con tu niño interior, con esa parte de ti que aún anhela ser vista, escuchada y cuidada.

Héctor Williams Zorrilla

Sanar los traumas de la niñez es un acto de amor propio, un proceso que requiere tiempo y dedicación, pero cuyos frutos se reflejan en una vida más equilibrada y en una autoestima más fuerte. Este libro es un acompañante en ese viaje, una guía que te recordará que, sin importar cuán profundas sean las heridas, siempre es posible reconstruirse y florecer.

Te invito a recorrer estas páginas que nuestro autor Hector Williams Zorrilla nos brinda con el corazón abierto, y en el que nos dice con certeza que sanar es un arte, y que tú eres el artista de tu propia historia de vida.

Licda. Natividad Rondon
Psicóloga mención escolar-master en Neuropsicología-educativa

Los adultos hemos crecido,
pero todos somos niños grandes por dentro.

Cada momento de la vida de la adultez es eterno, porque todos llevamos la eternidad de la niñez por dentro.

Una primera introducción

Cada persona adulta carga con traumas leves o complejos adquiridos durante las fases del desarrollo de la niñez. Ninguna historia humana es lineal, ni tampoco está exenta de trayectos escabrosos que marcan negativamente los mapas de eso que llamamos vida.

Los traumas de la niñez no tienen que ser provocados por eventos estremecedores de la psicología humana consciente o inconsciente, como un abuso sexual o físico, la negligencia infantil, criarse en un hogar con violencia intrafamiliar, perder a seres queridos, ser testigo de actos violentos que incluyen muertes, accidentes, y guerras, o crecer en extrema pobreza con carencias que incluyen la satisfacción de las necesidades humanas fundamentales.

La historia humana en lo personal y societario aparenta poseer una dirección parabólica, donde el vivir cotidiano se dirige en diferentes direcciones al mismo tiempo. Y cada una de esas direcciones de la vida influencia su historia que viene a ser la historia de cada vida expresada en las diversas maneras de vivir de cada persona. Aquí es donde aparecen los traumas de la niñez los cuales son diversos y afectan de formas diferentes a cada ser humano.

por ejemplo, el arte de sanar los traumas de la niñez y la adquisición de la autoestima transitan las mismas direcciones del desarrollo humano pleno. De modo que, tanto la identidad como la autoestima de cada ser humano están profundamente influenciadas por las direcciones de su vida, es decir, por todos los hechos que ocurren en su historia de vida, particularmente durante la niñez.

Todas las formas de arte utilizan la creatividad, la imaginación y la innovación para forjar nuevas percepciones, creencias, actitudes, valores, pensamientos y emociones, elementos con los cuales se crean nuevas conductas y hábitos en las conexiones neuronales del cerebro humano.

El arte de sanar los traumas de la niñez prosigue estos mismos trayectos descritos en el párrafo anterior. De hecho, este es el arte más significativo para cada vida humana, porque los contenidos de este arte marcan y definen la totalidad de la vida. Los niveles de bienestar emocional de cada persona adulta estarán definidos y marcados por cómo esa persona ha utilizado o no el arte de sanar sus traumas de la niñez.

El arte de sanar los traumas de la niñez utiliza las energías de la creatividad, la imaginación y la innovación para crear nuevas conexiones neuronales en el cerebro de la persona, lo que da lugar a nuevos hábitos, percepciones, creencias, valores, actitudes, pensamientos, emociones y conductas. Las personas que dedican recursos para sanar traumas de su niñez tienen más probabilidades y posibilidades de vivir vidas más felices y exitosas.

El arte sanar los traumas de la niñez permite a la persona adquirir nuevos aprendizajes, y con estos, producir cambios positivos que se traducen en un estilo de vivir más saludable y efectivo.

Pero hay que reconocer que la práctica de toda forma de arte necesita de trabajo, esfuerzo y motivación por parte del artista, debido a que este tiene que emplear nuevos conocimientos a nuevas situaciones.

Lo mismo sucede con el arte de sanar los traumas de la niñez, porque este arte requiere que la persona objeto de la sanación tome iniciativa, se torne proactiva, eleve sus niveles de motivación, y abra las ventanas de sus cerebro a nuevos conocimientos para darle la bienvenida a una vida más saludable, efectiva, feliz y exitosa.

El resultado final de la práctica de utilizar el arte de sanar los traumas de la niñez es el siguiente: aumentar la posibilidad de vivir una vida más saludable, próspera y poseída de los éxitos que la persona se propone alcanzar. Las personas que se dedican al arte de sanar los traumas de su niñez obtienen beneficios invaluables que se transfieren a todas sus relaciones e interacciones con otros seres humanos y la vida en general.

Aún más, las personas que dedican recursos para sanar los traumas de la niñez benefician positivamente a generaciones enteras de familias, las familias de ellas mismas y a todas las familias generacionales de toda la sociedad.

Una Segunda introducción

En mi niñez, yo quería ser un pintor, no un escritor.

Pero debo confesar que en mi familia de origen este arte creativo es desconocido.

Por el contrario, la escritura y la música aparecen salpicando a mis generaciones en ambos lados, el paterno y el materno.

Yo anhelaba con tanto fervor ser un pintor que en mi pre-adolescencia compré cursos por correspondencia para aprender ese arte maravilloso y mágico.

En este proceso, descubrí que yo no podía dibujar rostros humanos o de ninguna especie. Lo intentaba, lo intentaba de nuevo, pero al observar una fotografía y enfocarme en el rostro para dibujarlo, no me salía.

Admito que esa fue una de las primeras decepciones importantes de la vida que experimenté. En un corto tiempo, decidí superar esas expectativas y sueños que me propuse, o que más bien, yacía en mi cerebro pre adolescente.

Entonces, un día, en el 1962, cuando contaba con 9 años de edad, escuché a un señor con el cabello blanco en una reunión de adultos mencionar el nombre de un escritor famoso cuyo nombre era Juan Bosch.

Yo, un pre adolescente analfabeto, no sabía pronunciar el apellido, pero ese nombre "me salvó la vida", porque desde ese momento decidí que yo tenía dos opciones para expresarse en la vida: en caso de que no pudiera ser un pintor, entonces podría ser un escritor como lo era Juan Bosch.

Al final, me decidí por lo segundo en un largo proceso que transitó por los caminos de la autoeducación.

Ha sido un tránsito bello, mágico, exuberante y lleno de satisfacciones y felicidades indescriptibles.

Recuerdo mi primera publicación de un artículo en un periódico de circulación nacional acerca de la cultura de la pobreza de Oscar Luis. Cuando lo vi publicado, en mi inocencia, yo creí que desde ese momento era conocido por todos como lo era mi mentor escritural, el profesor Juan Bosch.

Los eventos traumáticos no tienen por qué ser extraordinarios y estremecedores de todas las fibras psicoemocionales de una persona o familia. Para que un evento sea traumático en la vida una persona, solo tiene que romper el balance homeostático de su sistema emocional y producir un bloqueo significativo en las maneras de expresar sus emociones sanamente.

Capítulo introductorio

La niñez es el receptáculo de al menos el ochenta por ciento de todas las memorias importantes de la vida adulta.

Ni una sola de las memorias que los seres humanos almacenan en sus cuerpos se pierde o borra totalmente. Y además, cada órgano del cuerpo humano posee y conserva sus memorias, incluyendo la piel, el estómago, los pulmones, el corazón, el cerebro, los pies, las manos y todos los sentidos. Todas las percepciones, las creencias y los hábitos aprendidos, al igual que los eventos y situaciones externas percibidas, se transforman en memorias vivientes que afectan las conductas cotidianas durante la adultez.

Una corta historia. Ramonita

Ramonita era una joven inteligente, extrovertida y feliz. Se graduó como psicóloga educativa a los 22 años de edad, y de inmediato empezó a trabajar profesionalmente.

Como ella todavía vivía con sus padres, comenzó a ahorrar la mayor cantidad de sus ingresos, y en menos de 2 años ejerciendo su profesión se compró un carro.

Luego decidió independizarse y vivir sola.

Pero a los 26 años de edad algo empezó a preocuparle: no sentía interés romántico por ninguno de los sexos. Mientras todas sus amigas tenían novios o estaban casadas y al juntarse hablaban de sus experiencias románticas y sexuales, las páginas de las historias románticas de Ramonita permanecían en blanco.

Ramonita decidió consultar a una psicóloga clínica especializada en esa área para explorar estas situaciones que le preocupan.

Durante la quinta sesión terapéutica mientras Ramonita hablaba de su niñez, de repente comenzó a llorar sin causas aparentes cuando ella mencionó a un tío del lado paterno.

Memorias que Ramonita guardó en lo más profundo de su vida inconsciente afloraron a la superficie.

Desde los 5 años de edad y hasta los 8, ese tío había abusado sexualmente de ella. Ramonita no contó a nadie sobre estos incidentes porque ese tío era una persona muy estimada y respetada por ambas familias.

Las sesiones de terapia ayudaron a Ramonita a procesar y superar las emociones de miedo, vergüenza y culpa que los síntomas del trauma de abuso sexual habían dejado en su memoria.

Después de 2 años en terapia, Ramonita conoció a alguien de quien se enamoró. Su vida romántica y sexual eran satisfactorias, y los traumas de su niñez no le impedían disfrutar de su pareja erótica y románticamente.

El arte de sanar los traumas de la niñez.

La violencia del cuerpo físico sin el consentimiento del propietario es el grado más alto de violencia de los límites que puede sufrir un ser humano. Y el abuso sexual en la niñez, como fue el caso de Ramonita, pertenece al nivel supremo de todas las clases posibles de abuso que una persona pudiera experimentar en la vida.

El abuso sexual violenta la identidad y quebranta y vulnera el sentido del poder personal inherente a la vida humana. Si un ser humano desde su niñez percibe que no posee poder sobre las decisiones de su cuerpo, la esencia vital de todo lo él debe ser en lo personal y social se tambalea, sacude, y se torna extremadamente vulnerable en lo más íntimo de su YO.

¿Y cuáles son algunas de las posibles decisiones que la persona afectada toma para protegerse?

Esconder y suprimir esas experiencias en lo más profundo de su inconsciente es la primera, tal y como Ramonita lo hizo con su experiencia de abuso sexual.

Es como sumergirse en un estado de borrachera total para bloquear las expresiones de todas las emociones que este abuso violento genera en la identidad de la persona afectada.

Otras personas que pasan por la experiencia de abuso sexual en la niñez se tornan promiscuas sexuales en la vida adulta, como una forma de compensar y probarse a sí mismas su "culpabilidad", y de "limpiar su conciencia" de la vergüenza por lo sucedido.

No es fácil para una niña abusada sexualmente liderar y gestionar las emociones sexuales de su cuerpo en su vida adulta.

Esta situación traumática, como todas las circunstancias traumáticas de la vida, necesita ser tratada profesionalmente hasta sanar las heridas psicoemocionales que ella deja en el cuerpo de su víctima.

Hechos terapéuticos importantes

Algunos aspectos positivos de este caso, son:

1. Ramonita invirtió sus recursos intelectuales y emocionales preparándose profesionalmente, en lugar de sumergirse y diluirse en la vergüenza y la culpa por ser la víctima de un abuso sexual en su niñez. Este hecho habla de un rasgo positivo en la personalidad de Ramonita: la resiliencia.
2. Ramonita mantuvo una vida social exitosa con sus amigas, a pesar de que su vida romántica y sexual estaba quebrada y rota. En lugar de sentir lástima y conmiseración por sí misma y hacerse la víctima, Ramonita mostró coraje y auto amor.
3. Ramonita buscó ayuda profesional para resolver su situación psicoemocional conflictiva en lugar de tratar de resolverla ella misma, o de establecer una relación romántica con alguien sin estar preparada.
4. En el proceso terapéutico, Ramonita estuvo dispuesta a enfrentarse a "los demonios emocionales persecutorios" que el abuso sexual en la niñez había grabado en su cuerpo. Esto demuestra su temple y valentía emocionales encomiables.

5. Ramonita aceptó y honró su propio proceso sanador hasta comprobar dentro de una relación romántica y sexual, que las heridas psicoemocionales de su niñez estaban ya cicatrizadas. De este modo, su vida y las relaciones que ella establecía no estaban "salpicadas de la sangre que brotaba de sus heridas psicoemocionales no cicatrizadas".

Las capacidades humanas para reciclar eventos negativos y dañinos es amplia, pero las capacidades para sanar sus traumas son también extensas y poderosas. Cada ser humano adulto posee la probabilidad de hacer una elección: permitir que los traumas escriban el guión de su vida, o decidir escribir su propio guión, y actuar y dirigir las escenas de la trama de su propia película de vida.

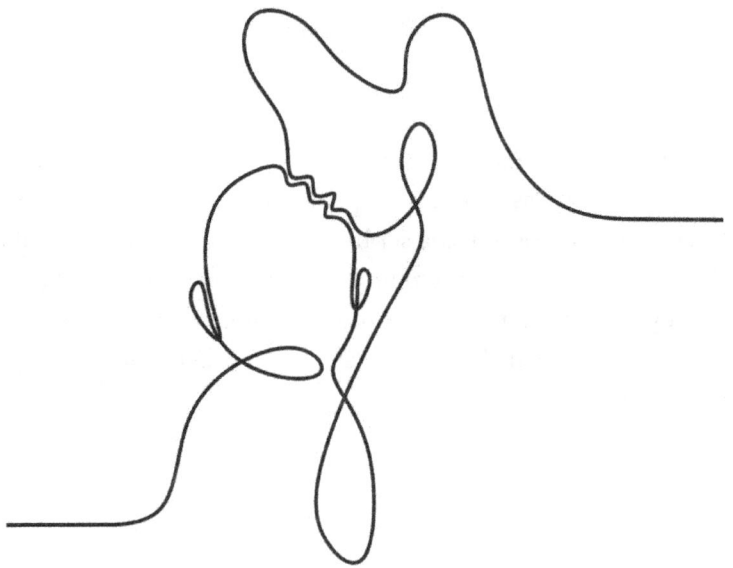

Llevamos la niñez por dentro

Cada persona adulta transita la vida con su niñez por dentro, jugando al escondite con sus amigos imaginarios, fantaseando con mundos no descubiertos todavía, imitando héroes y heroínas creados por la imaginación creativa, regalando sonrisas felices a los transeúntes conocidos, haciendo preguntas que no tienen respuestas lógicas, creando nuevos personajes para engalanar las historias rutinarias de la vida…

La niñez conserva todas las historias inconclusas de la vida, ellas acompañan las sombras de cada paso, y alzan sus sueños con voces poderosas, supurando a gritos con los poros, que desean dormir tranquilas y serenas bañadas por los rayos del sol al mediodía…

Cada persona adulta guarda y protege el enigma de su niñez, dentro de un cofre sagrado, como un tesoro inmaculado que oculta sus sueños en sus regazos…

Cada niñez es única e irrepetible, porque cada vida posee su propia personalidad…

El arte de sanar los traumas de la niñez transita por los senderos luminosos del bienestar emocional.

Héctor Williams Zorrilla

Los traumas de la niñez

Cada vida adulta guarda en su interior algún grado de experiencia traumática que resulta difícil sacar a la luz de la vida consciente.

Un viaje de tres amigos…

La esencia vital y viviente de cada vida humana, en el proceso de transformarse en un ser social individualizado, está indeleblemente marcada por la identidad y la autoestima…

La personalidad encarnada en la humanidad individual, hecha carne societaria, identidad personalizada, estructura de YOES vivientes, autoestima fortalecida con el sentido de ser una persona valiosa, digna de amar y ser amada…

El arte de sanar los traumas de la niñez es una jornada, no es destino turístico pasajero, es un camino que se crea caminando, acompañado de la vida, agarrando la actitud positiva de la vida, mirando el miedo en la cara, retando la vergüenza, enfrentando la culpa, para continuar el tránsito seguro hacia la luz…

El arte de sanar los traumas de la niñez es un viaje de tres amigos, la motivación intrínseca para vivir y ser feliz, la identidad para saber quién soy y hacia dónde me dirijo, la autoestima para asegurarme que soy YO quien está sanando sus traumas…

Una definición de trauma infantil

Evento o series de eventos que se experimentan, se he testigo o aprendido durante la niñez, los cuales producen dolor o estrés emocional y que regularmente, dejan huellas físicas y/o emocionales de larga duración en sus víctimas.

Una gran cantidad de los traumas adquiridos durante la niñez son resistentes a los cambios, pero pueden tratarse profesionalmente y la mayoría puede cambiarse y superarse en la vida adulta. Es decir, las heridas psicoemocionales que ellos provocan en las víctimas se pueden cicatrizar mediante tratamiento profesional.

Algunos traumas de la niñez se superan por sí mismos, aunque no necesariamente se sanan, en el proceso del desarrollo humano. Esto sucede especialmente cuando la persona víctima posee elementos protectores positivos. ejemplos de factores protectores, son: tener el apoyo de una familia saludable, amigos, mentores, una comunidad segura y amigable, recursos financieros, de salud, y alimentación, una comunidad educativa que incluya a maestros competentes, libros, bibliotecas, y acceso a ella con seguridad y libertad.

Se recomienda que las experiencias traumáticas en la niñez sean tratadas por profesionales competentes en cada caso y situación. En términos generales, las heridas psicoemocionales que los traumas dejan en los cuerpos de sus víctimas no se sanan por sí solas, aunque algunas personas aparentan superarlas durante la adultez.

Las preguntas cruciales son las siguientes: ¿las heridas psicoemocionales provocadas por los traumas están cicatrizadas o sangran todavía? Al hablar o recordar experiencias de mi niñez, ¿tengo emociones positivas o negativas? Al pensar o hablar de la niñez, ¿las emociones que afloran en el cuerpo son el resentimiento, el rencor, la amargura, el odio, la tristeza, la ira o enojo, la depresión, o por el contrario, afloran el amor, la ternura, el aprecio, la gratitud, la empatía, la admiración?

Algunas de las experiencias tenidas durante la niñez que pueden crear o provocar traumas, son:

1. Abuso físico, sexual o emocional, que incluye negligencia o la falta de proveer y proteger las necesidades fundamentales durante la niñez.
2. Ser testigo de violencia intrafamiliar o en la comunidad, que incluye acoso infantil.
3. Pérdidas, como la muerte de los padres, cuidadores importantes o de personas significativas.
4. Desastres naturales o accidentes traumáticos.
5. Inestabilidades parentales, como separaciones o divorcios, quedarse sin hogar, o situaciones inestables de vivienda.
6. Traumas médicos, como operaciones o procedimientos médicos y enfermedades.

Los traumas de la niñez no resueltos pueden dejar consecuencias psicoemocionales y físicas de la larga duración, algunas de las cuales son:

1. Problemas de salud mental: ansiedad, depresión, estrés post traumático.
2. Problemas de comportamiento: conducta antisocial, abuso de sustancias, dificultad para desarrollar relaciones saludables.

3. Problemas de salud física: un alto riesgo de enfermedades crónicas.

Se pueden poner en ejecución agentes protectores contra los traumas de la niñez, como los siguientes:

1. Dar mucho amor, afecto, y cariño durante la niñez.
2. Hablar con los niños con cariño y abrazarlos con afectos sanos de manera consistente.
3. Dedicar tiempo para escucharlos con atención y dedicación.
4. Apoyar y entender sus estados emocionales para que sepan que está bien expresar sus emociones sanamente.
5. Crear espacios seguros en la casa donde los niños puedan tener sus propios límites.
6. Jugar con ellos apoyando sus fantasías e imaginaciones infantiles.
7. Cuidar y proteger la niñez de abusos y negligencias.
8. Si los padres se separan, que desarrollen e implementen un plan para cuidar y proteger a sus hijos, para que estos sepan que los esposos se separaron, pero no los padres de sus hijos.

Las siguientes son algunas de las terapias que se reportan efectivas para tratar los traumas adquiridos durante la niñez:

1. La terapia cognitiva-conductual: puede mejorar la autoestima que ha sido perjudicada por traumas, contribuye a manejar y gestionar emociones que crean angustia y estrés debido a traumas, y enseña a los jóvenes a desafiar pensamientos y conductas negativas.

2. La terapia EMDR (sigla en inglés, que significa en Español: desensibilización y reprocesamiento por movimientos oculares). Se utiliza para ayudar a superar creencias negativas sobre sí mismo, procesar los traumas de formas más saludables, y desensibilizar los recuerdos traumáticos.
3. La terapia de juego y la terapia artística: ayudan a procesar y sanar los recuerdos traumáticos.

Otras terapias alternativas que pueden utilizarse para tratar los traumas de la niñez, son:

1. Exposición en vivo al trauma: Es preferible que esta terapia sea practicada por un experto en situaciones traumáticas.
2. Narración del trauma en forma de historia.
3. Afrontamiento cognitivo retando las percepciones y creencias que originan el trauma. Este enfoque es mejor ejercido por un experto en el tratamiento de traumas.
4. Desarrollar habilidades de relajación practicando alguna forma de meditación, por ejemplo el mindfulness.
5. Psicoeducación de los síntomas del trauma.

algunos estudiosos e investigadores destacados de los traumas de la niñez, son:

1. La Dra. Nadine Burke Harris, una pediatra que aboga por el tratamiento de las experiencias traumáticas durante la niñez.
2. Ambroise Tardieu a mediados del 1800, enfocó su trabajo en el abuso y los traumas de la infancia.
3. La Dra. Mardi Horowitz, a finales de 1970 estableció una clínica para tratar el síndrome de la respuesta al estrés debido a situaciones traumáticas.

4. El Dr. Lawrence Kolb, documentó las distorsiones que el estrés post traumático deja en el cerebro.
5. La Dra. Sandra E. Cohen, una psicoanalista especializada en traumas infantiles, incluyendo el abuso sexual y la negligencia.
6. Roger Fallot y Maxine Harris, desarrollaron principios para reportar los traumas, que incluyen protocolos de seguridad, confianza y empoderamiento.
7. El Dr. James Parkinson, quien es un pionero en la prevención de traumas infantiles y de la seguridad de los niños.
8. La Dra. Lenore Terr, tiene el crédito de ser la profesional que originó el área del estudio de los traumas infantiles. Sus investigaciones han descubierto muchos mecanismos mentales que ahora son considerados piedras angulares para comprender los síntomas de un niño traumatizado.

El arte de sanar los traumas de la niñez ha avanzado mucho, y en la actualidad no existen razones valederas para cargar con ellos hasta la muerte física.

Primero, el arte de sanar los traumas de la niñez invita a enfrentar y vencer la emoción de la vergüenza.

Ningún niño y/o adulta debe sentirse avergonzado por haber experimentado eventos o situaciones traumáticas. La vergüenza impide lograr la libertad de los síntomas traumáticos y descubrir el coraje para enfrentarse a ellos para ser liberado. Confrontar la verdad libera y sana de las garras emocionales dejadas por las experiencias traumáticas.

Segundo, el arte de sanar los traumas de la niñez invita a confrontar la emoción de la culpa.

Ningún niño y/o adulto tiene que sentirse culpable de haber experimentado eventos o circunstancias traumáticas. La culpa paraliza y permite que los síntomas traumáticos se revivan una y otra vez con matices dolorosos. Sanarse de las huellas de la culpa que dejan los traumas de la niñez, es como sanar las cicatrices de una herida corporal. Las marcas de las cicatrices podrían permanecer, pero ya no sangran, porque están curadas.

Tercero, el arte de sanar los traumas de la niñez invita a vencer la emoción del miedo.

Ningún niño y/o adulto tiene que ser un prisionero del miedo por haber experimentado eventos o situaciones traumáticas. El miedo es una gran caja negra creada por ilusionistas e hipnotizadores para hacer que se perciban cosas que no necesariamente están en ese lugar. Solo existe una forma efectiva de vencer el miedo que provocan los síntomas de los traumas de la niñez: mirándolos directamente a la cara, y desafiando sus poderes inhibidores.

Para millones de personas representa un gran reto enfrentar los traumas de la niñez.

"Los demonios emocionales" o huellas emocionales profundas que los traumas dejan en las memorias de los cuerpos de sus víctimas poseen matices poderosos.

Pero no hay alternativas, y para sanar y liberarse de esas cadenas esclavizantes la ayuda profesional es imprescindible.

Existen profesionales de la salud especializados en esta área que poseen los recursos para colaborar en el proceso de sanación de traumas de la niñez, tanto en la fase de la niñez cuando ocurren, como en la vida adulta cuando sus síntomas aprisionan a sus víctimas.

Algunos traumas de la niñez no sanados se repiten o reciclan en la vida adulta. Esta situación es bastante común, pero los adultos poseen las capacidades y habilidades para procurar ayuda profesional, los niños no.

Práctica terapéutica

Escanear eventos en nuestras historias de vida

Todo lo que haya ocurrido en nuestras historias de vida que no pueda catalogarse de saludable, puede que tenga elementos que nuestros cuerpos registran en sus memorias como eventos traumáticos. Es una buena práctica escanear nuestras historias de vida evaluando las emociones que expresamos y sentimos en nuestros cuerpos al evocar ciertos eventos.

En nuestras historias de vida, los eventos saludables nos provocan emociones positivas, como alegría, gozo, paz, satisfacción, tranquilidad, amor, armonía, felicidad y bienestar psicoemocional. Por el contrario, los eventos no saludables evocan emociones negativas, como enojo, ira, rabia, insatisfacción, tristeza, amargura, rencor, resentimiento, infelicidad y desarmonía psicoemocional.

La falta de balance homeostático en el sistema emocional que le impide a la persona expresar sus emociones sanamente, es el criterio fundamental para evaluar si un evento es o ha sido traumático o no.

La autoestima estable y saludable es una muralla protectora que permite que la vida de cada ser humano fluya como los ríos fluyen hacia el océano.

Capítulo 1.

La resiliencia es un antídoto poderoso contra los traumas de la niñez.

Una corta historia. Fredy

Fredy era el quinto niño del matrimonio tumultuoso y conflictivo de sus padres biológicos. Era un niño tierno, dulce y retraído en sí mismo. Aprendió a hablar tardío, y le costaba mucho esfuerzo juntarse a jugar con sus hermanos. Su hermano mayor lo entendía y le propiciaba afectos físicos especiales. Después de todo, él fue el menor de cinco hermanos hasta que nació su hermana, la sexta de la familia.

Un día, mientras jugaban en el bosque cerca de la casa, un primo mayor de edad tocó su cuerpo de forma inapropiada. El primo lo amenazó y le dijo a Fredy que no debía contarle lo que sucedió a nadie. "Este es un secreto entre nosotros dos jugando al escondite" le dijo.

Fredy hacía todo lo posible por evitar juntarse con ese primo adulto, pero él vivía cerca, ya que las dos casas estaban divididas por un pequeño bosque.

La misma experiencia se repitió varias veces durante su niñez, y Fredy guardó este secreto para sí mismo toda su vida. Fredy jamás logró encontrar su identidad sexual masculina, pero se mostraba como un adulto feliz, cariñoso y afable con todos, al mismo tiempo que exhibía el lado retraído y solitario de su niñez.

El arte de sanar los traumas niñez

Empecemos por la niñez, porque todas las historias humanas contienen situaciones traumáticas que sucedieron en esa etapa del desarrollo humano. Éramos niños protagonistas de esas historias, pero no entendíamos cabalmente ni lo que sucedía, ni por qué estaba ocurriendo.

Existen experiencias infantiles que violentan las barreras mismas de la identidad humana, como la experiencia de abuso sexual de Fredy en la historia que introduce este capítulo.

¿Cómo liderar saludablemente una situación como esa tanto en el momento que sucede, como al llegar a la adultez? ¿Tenía Fredy algún control sobre esta situación?

Analicemos el caso de Fredy desde varias perspectivas.

Primero, Fredy no es culpable del abuso sexual en su niñez, aunque esta es la primera emoción que hay que trabajar en estos casos. La culpa es una emoción poderosa y paralizadora de las energías saludables de la vida.

Segundo, callar y no comunicar a nadie la experiencia abusiva genera otra emoción humana poderosa, la vergüenza. Fredy, como la mayoría de los niños abusados sexualmente, prosiguió el camino de silenciar la experiencia, lo que produce una aparente seguridad emocional. Pero al callarse, las posibles puertas para sanar los traumas se cierran, y por el contrario, al comunicar y hablar de la experiencia abusiva estas puertas se abren.

Tercero, Fredy, en medio de su situación desventajosa, él era un niño frente a un adulto, se dejó invadir por la tercera emoción que en conjunto bloquearon sus habilidades para desarrollar su identidad masculina: el miedo.

Estas tres emociones no procesadas apropiadamente frente a una experiencia traumática, hicieron de Fredy un adulto que vivía visitando constantemente sus traumas infantiles no sanados.

Héctor Williams Zorrilla

Hechos terapéuticas importantes

Durante la niñez, Fredy era un niño indefenso frente a los poderes abusivos de un adulto. Sus padres y las personas adultas, especialmente familiares, eran los responsables de cuidarlo y de protegerlo. Pero un adulto de la familia lo traicionó en el nivel emocional y psicosocial más vulnerable para un ser humano: los límites de su identidad y de su autoestima.

Ya adulto, Fredy tenía la posibilidad de liderar efectiva y saludablemente las tres emociones que sostenían, apoyaban y perpetuaban su experiencia traumática de abuso sexual durante su niñez. Pero aún en la adultez, esta posibilidad sanadora es caprichosa, y por lo general es un proceso largo y tortuoso que requiere de ayuda profesional especializada.

Fredy, ya un adulto podía utilizar el arte de sanar los traumas infantiles, empezando por acercarse a un buen terapeuta para procesar las tres emociones de miedo, vergüenza y culpa que apoyaban y perpetuaban su experiencia de abuso sexual en la infancia. Estas emociones paralizan y bloquean las capacidades y las habilidades para resolver conflictos internos, y además, buscar ayuda requiere poseer otros recursos como son los financieros y las relaciones personales y profesionales apropiadas.

El primer paso en el proceso sanador

Procesar las emociones traumáticas es el primer paso en el arte de sanar los traumas de la niñez. Cada persona que ha sufrido de cualquier forma de abuso, incluyendo abuso sexual, debe procurar y ejecutar conectarse con un profesional competente para que le acompañe en este proceso sanador.

Para muchas víctimas este es un paso difícil debido al estado psicológico natural de negación en que se encuentran. Muchos necesitan de un pequeño "empujón" de amigos o familiares cercanos, que puede incluir un regalo de citas ya pagadas para ver un profesional confiable y conocido por los amigos o familiares.

El segundo paso es comprometerse con el proceso sanador

Al iniciar el proceso terapéutico, este guiará el arte de sanar los traumas de la niñez por los senderos de la luz emocional y psicosocial que la persona necesita. Por lo general, este es un proceso largo pero hermoso y lleno de satisfacciones.

Palabras terapéuticas

"La historia es solo gente nueva que comete viejos errores".
(Dr. Sigmund Freud)

Merezco desarrollar la resiliencia

- Merezco nacer de padres responsables.
- Merezco ser concebido/a de forma planificada y no "por accidentes sexuales."
- Merezco ser protegido/a de traumas innecesarios durante mi niñez.
- Merezco desarrollar al máximo las potencialidades de mi cerebro.
- Merezco vivir una vida feliz y satisfecha en mi infancia.
- Merezco desarrollar los talentos y habilidades con las que he nacido.
- Merezco desarrollar la capacidad y la habilidad de ser un humano resiliente.
- Merezco la resiliencia que se encuentra en la esencia vital de mi vida.
- Merezco vivir en la verdad de quien soy ahora y quién seré después.
- Merezco ser parte del arte de curar los traumas de mi niñez.

Una breve historia del paradigma resiliencia

Resiliencia:

La palabra resiliencia proviene del latín "resilire", que significa rebotar, devolver, retroceder, resistir, rechazar, adaptar, recuperar, tenacidad, vulnerabilidad.

En inglés (resilience) el término se utiliza desde el Siglo 17th.

Tredgold (1818), lo usa para referirse a una madera que tiene la habilidad de soportar mucho peso sin partirse.

Robert Mallet utiliza el término para medir y comparar materiales fuertes que pueden usarse para construir barcos.

Estudios de la resiliencia

Emmy Werner: estudió niños en Hawaii, entre los cuales identificó aquellos que eran capaces de ser exitosos a pesar de criarse en circunstancias familiares y sociales difíciles. Ella denominó a estos "niños resilientes." La Dra. Werner fue de las primeras investigadoras que utilizó el término resiliencia.

Rutter: investigó la separación de los niños de sus madres biológicas e identificó los factores protectores que hacían a estos niños resilientes.

Norman Garmezy et al., describieron tres niveles de factores protectores que contribuyen con la resiliencia: individuales, familiares y comunitarios. Se considera al Dr. Garmezy ser el originador de las investigaciones sobre la resiliencia.

El Dr. Kenneth Ginsburg identificó las "7 Cs" de la resiliencia: competencia, confianza, conexión, carácter, contribución, confrontación (coping), y control.

El Dr. Polk desarrolló una teoría de la resiliencia que incluye cuatro patrones: patrón disposicional, patrón relacional, patrón situacional y patrón filosófico.

Proposición interesante sobre la resiliencia

El Dr. George Bonanno tiene una de las proposiciones teóricas más interesantes sobre la resiliencia. Para el Dr. Bonanno, la resiliencia es una reacción común y natural a los traumas, la cual permite que las personas sean capaces de funcionar muy bien a pesar de experimentar situaciones y circunstancias traumáticas en la vida. Las personas son capaces de ser resilientes, y existen maneras de promover la resiliencia después de que una persona experimenta situaciones traumáticas. La resiliencia es una reacción común frente a un trauma, porque ella sigue una trayectoria que incluye la resiliencia misma. Además, la resiliencia puede aprenderse, y hay maneras de promoverla conectada a emociones positivas. La resiliencia es una fortaleza que la mayoría de las personas poseen.

Existe un test psicométrico (Resilienceflow) que se utiliza para evaluar la resiliencia y el flow de individuos y organizaciones.

Se consideran cuatro pilares generales de la resiliencia: mental, físico, social, y espiritual. Estos pilares se utilizan en el modelo DLA para enfocar la resiliencia.

Otros investigadores presentan cinco pilares básicos de la resiliencia: autoconsciencia, mindfulness o atención plena, autocuidado, relaciones positivas y propósito de vida.

Definición de la resiliencia

La resiliencia se define como, la habilidad de rebotar y superar situaciones y circunstancias difíciles, y de adaptarse a los cambios al resolver conflictos. Es la combinación de habilidades y características personales que permite que la persona se enfrente a situaciones estresantes y difíciles, y salga victoriosa de ellas.

Para el concepto de resiliencia, lo más importante y lo que realmente cuenta, no son las situaciones y circunstancias adversas y difíciles por las que atraviesa una persona, sino, cómo la persona maneja esas situaciones y circunstancias.

La resiliencia, los traumas y la psicoterapia

Hace poco tiempo se creía que los traumas experimentados durante la niñez dejaban huellas indelebles e imborrables en la personalidad.

Hoy, gracias a los enormes avances de las neurociencias, sabemos que no es así. El cerebro humano posee la cualidad de plasticidad y flexibilidad en todas las etapas del desarrollo humano, particularmente durante la niñez, la adolescencia y la juventud temprana.

En la actualidad, el arte de curar los traumas es una hermosa y fascinante realidad terapéutica que cada ser humano puede experimentar en su diario vivir. Existen muchos profesionales especializados en esta área, competentes y capacitados para acompañar en el proceso sanador.

Este libro plantea que la mayoría de las experiencias traumáticas de la niñez son terapéuticas, porque estas son experimentadas por las mentes creativas e innovadoras de los niños. Las fases de la niñez son terapéuticas en sí mismas.

Y la resiliencia demuestra e invita a utilizar el poder inherente a las imaginaciones y fantasías creativas de la niñez.

Soy resiliente como el agua...

Soy resiliente porque pienso, imagino y fantaseo.
Soy resiliente porque soy creativo.
Soy resiliente porque fluyo y palpito con la vida.
Soy resiliente porque soy un río caudaloso que transita hacia el océano.
Soy resiliente porque soy viviente, fluyente y cambiante.
Soy resiliente porque sueño y recreo mis fantasías en cada momento.
Soy resiliente porque me acuesto, me levanto, salto, camino, vuelo y me detengo.
soy resiliente como el agua, la luna, el sol, el océano, los árboles, los peces, los animales y todas las formas de vida.
Soy resiliente porque tengo un cerebro resiliente.
Soy resiliente porque está en mi naturaleza ser resiliente, y punto...
Soy resiliente, y el arte de curar los traumas de mi niñez es un componente vital de mi resiliencia...

Héctor Williams Zorrilla

Práctica terapéutica

Mantener un diario

Mantener un diario es un recurso terapéutico poderoso y efectivo que nos permite entrar en contacto con nuestra parte más íntima y personal. La tecnología y el mundo digital de hoy nos permiten crear diferentes formas de diario.

Por ejemplo, podemos escribir, grabar audiovisual con voz o vídeo, pintar, o diseñar. Conservar un diario nos permite hacer catarsis emocional sacando de los baúles de nuestras emociones aquellas que desean tener sus propias voces. Un diario es además terapéutico, porque nos da la oportunidad de conversar con nuestros propios traumas de la niñez de forma segura, sin sentirnos amenazados por las emociones del miedo, la vergüenza y la culpa frente a otras personas.

Mantener un diario nos permite descubrir y honrar nuestra voz interior. Esta voz conoce y está conectada a nuestro YO real, que es la esencia vital de nuestro ser más integral e íntimo.

Una de las verdades más poderosas que aprendí de mi terapeuta es que la píldora curativa más efectiva la tengo dentro de mí.

Capítulo 2.

Las memorias infantiles duermen en los brazos del inconsciente.

Una corta historia #1. Ferno

Alrededor de las 10:00 de la mañana, Ferno se acostó boca arriba en el suelo debajo de los árboles frondosos que cubrían el valle. Y un poema juguetón afloró en su mente juvenil:

Ese pájaro carpintero picoteando la piel áspera del árbol,
posee más sabiduría que yo.

Su pico es fuerte,
como son las memorias indelebles que dejan los riachuelos en la tierra marcando sus pasos hacia los océanos.

El pájaro carpintero sabe que la piel áspera del árbol cederá ante su picotear persistente.

El riachuelo sabe que su destino final es el océano.

Una corta historia #2. Salvador

Salvador era el hijo número dos de una pareja que tenía seis hijos. Era un niño alegre, juguetón y extrovertido. En sus fenotipos fisiológicos, Salvador era idéntico a su padre: tenía sus ojos, su cabeza, cabello, nariz, boca, brazos y el color de la piel.

Al crecer, a los seis años de edad, Salvador se fue a vivir con un tío. Esa desvinculación de sus hermanos claramente afectó su desarrollo, y Salvador empezó a mostrar conductas rebeldes durante su pre-adolescencia y adolescencia. Se convirtió en un adolescente agresivo primero, y luego empezó a beber alcohol y a emborracharse.

Salvador eligió la profesión de trabajar en hoteles, particularmente en el bar, y entonces, el alcohol no solo era parte de su vida personal, sino también de su trabajo. Como adulta trabajando en ese ambiente Salvador comenzó a utilizar otros tipos de drogas, que incluían la marihuana y la cocaína.

Salvador conoció una joven que vino de vacaciones al hotel donde trabajaba, se enamoraron, y en unas semanas se casaron. Tuvieron un hijo en el primer año de matrimonio, pero la relación amorosa no funcionó. Salvador la trataba a ella de la misma forma que su padre trataba a su madre, con violencia verbal y física.

Un día Salvador vino del trabajo y la casa estaba vacía. Ella se fue con el niño, y Salvador no supo de ellos por muchos años.

La relación de Salvador con el alcohol y las drogas empeoró. Se casó de nuevo y tuvo un hijo con su nueva pareja, pero tampoco funcionó. Ella también lo abandonó y se llevó al hijo de ambos.

Cuando sus hijos eran adultos, buscaron a su padre, lo encontraron, se vincularon con su padre, y ahora tienen una relación padre e hijo saludable.

A los 70 años de edad, Salvador vive solo, sobreviviendo a síntomas depresivos, y aquejado de múltiples situaciones de salud física.

El arte de sanar los traumas niñez
(De la corta historia # 1)

Hay niños que descubren temprano qué desean hacer con sus vidas, hacia dónde quieren que sus vidas se dirijan, y qué los apasiona. Esos niños son como los riachuelos que saben que su destino final es el océano.

Estos niños necesitan de mentores y asesores sabios e inteligentes que los protejan y guíen sus sueños, pero ellos poseen una motivación intrínseca que dirige el estandarte de toda su vida.

Por ejemplo, yo descubrí que deseaba ser escritor en mi niñez antes de conocer a ningún escritor o leer un libro. Pero el tránsito en el camino del papel de escribir me tomó muchos años de práctica y de ensayo y error. Parte de la materia prima de un escritor es escribir, aunque la mayoría de las cosas que escriba no se publiquen.

Héctor Williams Zorrilla

Hechos terapéuticos importantes

Parte del compromiso y la responsabilidad de ser padre/madre es enseñar a sus hijos a quererse, amarse y respetarse, porque ellos son seres humanos importantes y merecedores de todo tipo de bienestar.

Además, los hijos deben aprender temprano en el proceso de su desarrollo cuál es el propósito de sus vidas, qué les apasiona hacer, para qué llegaron al planeta tierra, y cómo pueden cooperar positivamente con el proyecto de sus propias vidas.

La inteligencia intelectual y la inteligencia emocional son dos componentes indispensables e imprescindibles para descubrir e implementar el proyecto de vida que apasiona, y los padres y mentores son piezas claves para que los hijos logren el propósito de sus vidas.

El arte sanar los traumas niñez
(De la corta historia # 2)

Analicemos el caso de Salvador

Salvador es el producto de una familia disfuncional cuyas dinámicas se aferraron a las fibras mismas de su existencia. Durante la niñez se aprende por modelo, lo que se ha denominado "aprendizaje vicario" siguiendo los experimentos del Dr. Bandura, que son ya clásicos sobre esta tema.

Los niños que crecen en familias disfuncionales les resulta difícil deshacerse de los modelos relacionales que aprenden en su entorno familiar. Una de las disfunciones familiares de la niñez más difícil de revertir está enclavada en la vida emocional. Y las formas cómo se aprenden y viven las emociones durante la niñez son claves y llaves maestras que guían y dirigen la vida de cada ser humano.

El coeficiente emocional o la inteligencia emocional es una pieza fundamental de la resiliencia. Las familias disfuncionales no contribuyen positivamente para fortalecer la resiliencia, y sin una resiliencia fuerte, es más fácil sucumbir a los avatares negativos de la vida. A Salvador le ha resultado difícil traspasar las barreras de las limitaciones disfuncionales de su familia nuclear de origen.

Hechos terapéuticos importantes

1. Salvador dio señales temprano de que necesitaba ayuda profesional para enfrentarse a los "fantasmas psicológicos" que lo atormentaban durante la pre-adolescencia y la adolescencia. Por ejemplo, sus actitudes y conductas de rebeldía, y la ingesta de alcohol a esa edad temprana. Este es un momento crucial en el proceso del desarrollo humano, y los padres deben estar pendientes de conductas que indican que sus hijos se podrían beneficiar de ayuda profesional para promover su bienestar emocional.

2. Salvador fue desvinculado de su familia nuclear de origen a una edad temprana. La historia de Salvador deja en claro que su nueva familia de crianza no contribuyó a su desarrollo positivo y saludable, porque no se dieron cuenta y/o no intervinieron en sus conductas autodestructivas durante su pre-adolescencia y adolescencia.

3. Podemos empezar en cualquier momento del desarrollo humano a romper barreras psicopatológicas de apegos y aprendizajes familiares disfuncionales. La plasticidad es una de las maravillas del cerebro humano, y Salvador puede comenzar el arte de sanar los traumas de la niñez a cualquier edad.

Palabras terapéuticas

"Todo lo que se resiste, persiste, todo lo que se acepta, se transforma." (Carl Jung)

Lecturas terapéuticas #1 sobre el arte de sanar los traumas de la niñez.

1. Las memorias infantiles son terapéuticas, aunque muchas de las historias infancia contienen situaciones traumáticas.

Por milenios en la historia de la humanidad la niñez no era valorada. Por ejemplo, las mujeres de las clases adineradas y poderosas daban a luz a sus hijos, y de inmediato estos se entregaban a nodrizas las cuales se encargan de criarlos. Por miles de años en la historia humana la niñez estuvo desprotegida, abandonada, y en la mayoría de los casos, abusada y maltratada. Lo que hoy conocemos en el mundo civilizado como protección infantil ha empezado a implementarse en las sociedades en años recientes. Durante una gran porción de la historia humana la niñez y las mujeres fueron los seres más vulnerables y desprotegidos de la raza humana.

El Dr. Sigmund Freud: una pieza clave para cambiar los paradigmas de la niñez

Fue el Dr. Sigmund Freud, en medio de una sociedad victoriana, quien se atrevió a elaborar la teoría del desarrollo humano a partir del desarrollo infantil. Este hecho marcó un hito histórico en las percepciones que se poseían sobre la niñez.

Pero el Dr. Freud incluyó otro hito único en su teoría del desarrollo infantil: asignar impulsos libidinales o eróticos a la niñez. Si el Dr. Freud no hubiese sido el Dr. Freud de su época, de seguro lo hubieran "apedreado o quemado solo por plantear esa blasfemia" para su época victoriana. Pero no lo hicieron, y por el contrario, la teoría freudiana del desarrollo psicosexual infantil (las fases oral, anal, fálica, latencia y genital), se enseña hoy día en casi todas las universidades del mundo.

La vida de un adulto ya está escondida en la vida de un niño de siete años de edad. Pero existe un lado misterioso de esa verdad: la mayor parte de las experiencias de vida durante esa fase del desarrollo se encuentra oculta en las memorias inconscientes de la adultez.

Este libro plantea que todas las memorias de la niñez poseen el potencial para ser terapéuticas. Sus planteamientos van más lejos todavía: la niñez es terapéutica no solamente por sus rasgos de inocencia, sino también, por sus rasgos de creatividad, imaginación y resiliencia. Durante la niñez se posee la capacidad de sobreponerse a todo tipo de experiencias humanas, aún careciendo de las habilidades para entenderlas y comprenderlas cabalmente.

Hasta hace poco en la historia de la humanidad se creía que los traumas de la niñez dejaban huellas mentales indelebles, imborrables e incurables. Hoy, debido a los grandes avances que hacemos con las neurociencias y los estudios del cerebro humano sabemos que no es así. Por un lado, el cerebro humano continúa desarrollándose hasta casi los 30 años de edad biológica, y por el otro, la plasticidad o capacidades del cerebro humano para cambiar son "cuasi infinitas". Podemos crear nuevas carreteras o hábitos en nuestros cerebros a cualquier edad.

Existe un arte de sanar los traumas de la niñez que transita por las vías de fortalecer la autoestima, tanto durante la niñez como en la adultez.

2. La niñez es un paraíso que se guarda en las conexiones neuronales del cerebro.

En los primeros meses del embarazo lo que se observa como cerebro es una pequeña membrana alargada. Al nacer, los cerebros de los infantes poseen unos 100 billones de neuronas, pero con muy pocas conexiones entre ellas. Y es necesario entender que son las conexiones neuronales las que permiten a los humanos experimentar y hacer todo lo que hacen, desde el pensamiento crítico y la vida afectiva, pasando por el lenguaje, las destrezas motoras, y todas las conductas simbólicas, abstractas y concretas.

Los primeros cinco años de vida son críticos para el desarrollo cerebral infantil. Para su cumpleaños número cinco, el cerebro infantil se encuentra casi tan desarrollado como el cerebro de un adulto. Durante estos primeros cinco años, el cerebro infantil crea cerca de un millón de conexiones neuronales por segundo. Y recordemos que son estas conexiones neuronales las que marcan y definen el desarrollo infantil saludable, incluyendo sus movimientos, el lenguaje y la solución de problemas.

Desde el embarazo, los progenitores deben cuidar, proteger y estimular el feto con esmero, dedicación y con inteligencia. Pero al nacer, el cerebro del infante es un tesoro invaluable que los padres tienen que aprender a proteger, alimentar y estimular efectiva y apropiadamente. La niñez, desde cero y hasta los nueve años de edad, es un paraíso que se guarda en las conexiones neuronales del cerebro. Estos años del desarrollo infantil poseen fases críticas para la evolución progresiva de los cerebros de los niños. Durante estas etapas del desarrollo humano el cerebro es un tesoro invaluable que tiene que cuidarse y estimular positivamente y con ahínco, dedicación, inteligencia y sabiduría, no solamente por los padres biológicos, sino también por toda sociedad donde los niños se socializan.

Durante la niñez, los juegos no son simples juegos "inocentes" de niños, sino, tramas creativas, fantasías e invenciones que traspasan las "imaginaciones infantiles sin significados". Los juegos de la niñez son el escenario cerebral donde se crean y desarrollan billones de conexiones neuronales que se transforman en las bases de ambos, el coeficiente intelectual y el coeficiente emocional de la niñez y la adultez.

3. Los juegos infantiles alimentan las neuronas del cerebro.

La niñez necesita espacios para jugar, imaginar, inventar, crear y fantasear despierta. Los juegos infantiles alimentan las neuronas de sus cerebros, pero más específicamente, estos son instrumentos indispensables para que se despierten y creen los trillones de conexiones neuronales que las neuronas cerebrales poseen.

Durante la infancia y la niñez, los juegos que crean y practican los niños no son solamente juegos físicos. Mientras ellos juegan e inventan historias, una revolución neural ocurre en sus cerebros en desarrollo y evolución. En esos momentos "inocentes", trillones de conexiones neuronales se crean y fortalecen, las mismas que los niños utilizan para todos los procesos de aprendizaje y socialización. Estos procesos son las bases o fundamentos del coeficiente intelectual o cognitivo tanto durante la niñez como en la vida adulta.

Todos sabemos la importancia crucial del coeficiente intelectual en la niñez y la adultez. El coeficiente intelectual junto al coeficiente emocional son los dos factores primarios que influencian y determinan los logros humanos y societarios de cada ser humano.

El arte de sanar los traumas de la niñez: la escritura y la lectura

La creatividad, la escritura y la lectura contienen conexiones mágicas que se aprenden y cultivan durante la niñez, y que se mantienen activas durante toda la vida.

Junto a caminar y controlar el cuerpo, aprender a leer y a escribir son los tres aprendizajes más importantes y significativos que se adquieren durante la niñez. El impacto que estos tres aprendizajes tiene en la vida de los niños, y posteriormente en la adultez, posee valencias indescriptibles e invaluables.

Aprender a leer y a escribir durante la niñez abre de par en par todas las ventanas del cerebro humano. Ambos hechos contienen energías sanadoras mágicas, que cada niño utilizará durante todo el proceso del desarrollo humano.

Como un ejercicio terapéutico, lea los siguientes escritos acerca de la escritura, los escritores, la lectura y la conexión mágica y especial entre estos elementos. Este libro plantea los siguientes principios relacionados con el arte de sanar los traumas de la niñez:

1. Tanto la escritura como la lectura son elementos terapéuticos. Ellas abren las ventanas del cerebro humano a nuevas experiencias y dimensiones de la vida, permitiendo que quienes pueden escribir y leer descubran nuevos mundos dentro de sí y en el mundo exterior.

2. El hecho de una persona saber escribir y leer es terapéutico por sí mismo, porque estos conocimientos y destrezas son catárticos, liberadores y sanadores para quienes los practican en su diario vivir.

3. La buena compañía es terapéutica, y el acompañamiento que proveen la escritura y la lectura es terapéutica en el máximo sentido de este término.

4. Cuando un lector se sumerge en un libro que lo absorbe y entretiene, se encuentra con la posibilidad de descubrir aspectos de sí mismo que hasta ese momento desconocía, incluyendo la probabilidad de encontrarse con los traumas que había guardado en el baúl de su inconsciente.

Lecturas terapéuticas 2 y el arte de sanar los traumas de la niñez.

Nuestro niño interior es inteligente y sabio, y leer y escribir es una manera mágica de conectar con él.

Héctor Williams Zorrilla

4. Los escritores y sus lectores: Una conexión milagrosa, mágica y especial

Yo descubrí que deseaba ser escritor cuando era un niño analfabeto de nueve años de edad. Pero además, cuando todavía yo no había visto un libro, excepto un libro negro que mi madre tenía en su mesita de noche abierto en el Salmo 91. Cuando aprendí a leer, entendí que ese libro se llamaba la Biblia, y ese fue el primer libro que leí completo, desde el Génesis y hasta el Apocalipsis.

El milagro de mi descubrimiento para ser escritor ocurrió en una tarde soleada del año 1962. Un señor con la cabeza blanca que deseaba ser el senador de la provincia vino al campo donde yo nací a promover su candidato a la presidencia y a sí mismo. El nombre de su candidato presidencial era el Profesor Juan Bosch, quien era un escritor famoso en el mundo, pero que ahora deseaba ser presidente de su país. Ese día, oculto entre la multitud de adultos, decidí que sería un escritor como lo era el Profesor Bosch.

Desde que aprendí a leer por mí mismo, comprendí la magia y el milagro de escribir y de leer. Entre los escritores y sus lectores hay una conexión mágica, milagrosa y especial que traspasa los sentidos físicos. Tanto la escritura como la lectura son catárticas y terapéuticas, y poseen poderes y recursos suficientes para curar los traumas de la infancia.

La conexión psicoemocional e intelectual que establecen los autores y los lectores es intrínsecamente terapéutica, con poderes para cicatrizar diferentes tipos de heridas provocadas por traumas.

5. La conexión entre los autores y los lectores

Cuando un escritor escribe inspirado por la diosa Musa, lo que pone en el papel (iPod, Kindle, Nook, etc.) no son solo palabras, sino, palabras inspiradas que contienen la esencia de lo espiritual y lo divino. La oración precedente no tiene nada de religiosa, pero posee mucho de espiritualidad. La religión y la espiritualidad, por lo general, están en polos opuestos de los paradigmas teológicos y filosóficos.

¿Por qué algunos autores y sus escritos se transforman entre los más vendidos con sus lectores? ¿Por qué un mismo autor puede escribir y publicar treinta (30) libros, y solamente algunos de ellos alcanzan la lista de libros más vendidos y los otros no?

La respuesta clave a esta pregunta, aparte de la mercadología propagandística utilizada por los autores modernos en el siglo XX1, se encuentra en el concepto conexión entre los escritores y sus lectores.

Está claro que los autores "exitosos" conectan con sus lectores a nivel espiritual, intelectual, emocional y socio-cultural. Es a partir de esta conexión entre los autores y sus lectores que los escritos publicados de los primeros se hacen famosos y prestigiosos entre los lectores. Estoy evadiendo usar la palabra "popular" porque no creo que los autores deben ser populares. Los autores que simplemente buscan la "popularidad" rebajan su categoría de seres inspirados por los dioses.

Escritores famosos y prestigiosos sí, particularmente si alcanzan su fama y prestigio por la calidad impecable de sus escritos

Un autor tiene que encontrar un área o categoría

para escribir que sea congruente con su ser, su identidad prístina, y además, que mueva sus más íntimas pasiones y amores. Cuando el autor escribe sus historias a partir de su ser íntimo unido a su maestría escritural y el dominio de su tema, la conexión espiritual, emocional e intelectual con sus lectores está asegurada. Es materia de tiempo, paciencia, persistencia y consistencia escritural, para que esta conexión se manifieste públicamente.

Algunos autores alcanzan esta conexión con sus lectores a nivel masivo después de que dejan esta forma física de vida, y solamente sus legados escriturales hablan por ellos. Estos autores son los llamados clásicos, maestros y mentores, que los otros escritores que están detrás deben honrar y admirar.

La preocupación esencial de un autor de calidad no es que sus libros publicados alcancen las listas de los libros más vendidos, aunque ello trae grandes y merecedoras recompensas a los autores. El énfasis real de un autor de calidad tiene que estar en que sus escritos sean el producto natural de su ser íntimo, su identidad vital y su pasión y amor intrínsecos. Solo cuando esa esencia vital emana del escritor e impregna sus escritos, sus lectores se conectan con él, y los impulsa a leer y recomendar sus escritos a otros lectores.

Esta conexión entre el autor y su lector es milagrosa, mágica y especial, y es una parte vital de la niñez creativa e innovadora. La mayoría de los escritores descubren que deseaban serlo durante su niñez.

Práctica terapéutica

Cuando aprendemos a escribir y a leer durante la niñez, el arte de sanar los traumas de la niñez adquiere la voz y las manos que necesita para emprender sus tareas sanadoras.

Hurga un poco en tus memorias acerca de lecturas significativas para ti, ¿cuál categoría de libros te atrae o fascina? ¿Cuáles temas? ¿Cuáles emociones te invaden cuando te sumerges en un libro? ¿Cuáles libros leíste alguna vez que de alguna forma cambiaron muchas de tus concepciones y percepciones de la vida?

La catarsis es un acto o proceso liberador de emociones "estancadas" en situaciones y eventos tóxicos, que luego de procesadas, permite que dichas emociones se expresen saludablemente.

6. La escritura es un acto catártico para quien escribe y para quien lee

La catarsis y el arte de sanar los traumas de la niñez

La escritura es por sí sola un acto catártico y un proceso terapéutico que sana los traumas de la niñez de los autores. Para el psicoanálisis, la catarsis es el proceso mediante el cual nos liberamos de energías o emociones nocivas de la vida afectiva. Podemos liberarnos sanamente de la ira nociva golpeando almohadas, por ejemplo. Si al mismo tiempo que golpeamos las almohadas dejamos salir del cuerpo con palabras y acciones las razones de nuestra ira nociva, estamos practicando un acto catártico. Al final del proceso catártico nos sentimos liberados, relajados y serenos. La catarsis es una experiencia espiritual y psico-emocional muy saludable, y existen muchas maneras de producirlas en nuestras vidas, algunas costosas y otras gratis.

Aprender a leer y a escribir durante la niñez son actos catárticos y terapéuticos.

La escritura y la lectura son formas de producir catarsis en nuestras vidas cotidianas.

Quien escribe, el autor, experimenta catarsis sacando sus fantasías e imaginaciones de sus energías creativas, poniéndolas en palabras escritas, y quizás, leyéndolas al ser publicadas. Para un escritor que procesa y filtra sus experiencias y vivencias de la vida a través de sus lentes creativos, escribir es definitivamente un acto catártico. La creatividad, en cualesquiera de sus formas expresivas, es una energía poderosa que contiene en sí misma otras energías, como el amor, la ira, el miedo, la vergüenza, la culpa. Todo escritor procesa estas energías en sus actos escriturales, y estos actos son sin lugar a duda, actos de catarsis o liberación.

La lectura es un acto catártico

Cuando el lector se sumerge en los mundos imaginarios y fantasiosos creados por el autor, su mundo afectivo y mental pasa por múltiples catarsis psico-emocionales mientras lee. Por lo general, el lector se conecta con un autor y una escritura que entonan con su estado afectivo. Este es un terreno fértil para recibir y experimentar catarsis mientras se practica la lectura.

Así que, la escritura es un acto catártico para ambos, quien escribe y quien lee. La escritura y la lectura producen una mutualidad catártica casi perfecta, que sigue las reglas universales de la ley de la atracción que dice que, las energías iguales se atraen, mientras que las energías disímiles se repelen.

La escritura y la lectura son actos mágicos que contienen el poder de producir catarsis saludables en sus protagonistas, generalmente gratis, o a muy bajo precio.

Práctica terapéutica

Las motivaciones, las intrínsecas y las extrínsecas, son los gérmenes primarias que crean el arte de sanar los traumas de la niñez. Saber leer y escribir imparte nuevas motivaciones a la vida, y abre puertas inimaginables de entrada y salida a cada historia de vida.

¿Qué tipo de catarsis provoca la lectura? ¿Es posible adentrarse en el mundo mágico del escritor cuando se lee un buen libro? ¿Alguna vez leíste un libro que te parecía ser uno de los personajes, o haber estado en los lugares que se mencionan en la trama y en las historias del libro?

Las motivaciones son el motor propulsor de la vida humana. Ellas son creadas e impulsadas por el cerebro a través de la producción de hormonas o neurotransmisores, como la dopamina y la oxitocina.

7. ¿Son la escritura y la lectura componentes de las grandes motivaciones humanas?

Motivaciones intrínsecas y extrínsecas

En psicología se habla de motivaciones humanas primarias y secundarias, motivaciones intrínsecas y extrínsecas. Las principales motivaciones humanas primarias, o de todos los seres vivos, son comer, beber, respirar, porque promueven y sostienen la sobrevivencia de la vida. En la mayoría de los libros de psicología se incluye la energía de la sexualidad como una motivación primaria. Los que han leído mis libros saben que yo estoy en desacuerdo con esa premisa. Nadie muere por no practicar su sexualidad en términos de actos coitales. Por el contrario, todos morimos si no respiramos, comemos o bebemos agua. La sexualidad es una motivación humana primaria en el sentido de que, ella es un componente vital y esencial de la vida, y que, como seres sexuados que somos, la expresamos en cada conducta que exhibimos.

Además, la función reproductiva de la sexualidad contribuye a la supervivencia de la especie humana. Pero podemos vivir toda la vida física sin tener actividad sexual coital con otro ser humano, y ese solo hecho no nos matará. Vivir sin comer, beber agua, o respirar, de seguro nos matará físicamente.

Tipo de motivaciones humanas

Luego están las llamadas motivaciones humanas secundarias, como el dinero, el apego, las asociaciones o interacciones grupales, la compasión o sentido de ayudar a los demás, altruismo, amar y ser amado románticamente por alguien, crear una familia nuclear propia, entre otras.

En el mundo ultra moderno de hoy tenemos que agregar otras motivaciones humanas, como el uso de la computadora, el internet, el disfrute de la música, la televisión, los viajes, el cine, y el uso del celular inteligente y las redes sociales.

La categoría de motivaciones intrínsecas y motivaciones extrínsecas es muy importante. Las primeras se encuentran dentro de las personas y son muy poderosas para crear y lograr metas y objetivos. Las energías que realmente mueven las acciones de los seres humanos son motivaciones intrínsecas. Las motivaciones extrínsecas viven fuera de las personas, pero algunas de ellas contienen mucho poder para moverse a la acción, como es ganar dinero, por ejemplo.

La escritura y la lectura son motivaciones humanas

Yo participo de la idea de que ambas, la escritura y la lectura son grandes motivaciones humanas. La mayoría de los escritores están más apegados a escribir que a sus actividades sexuales o que a cualquier otra forma de entretenimiento. La pasión número uno de los escritores es la escritura, como la de los pintores es pintar, los cantantes cantar, los actores y actrices actuar. Muchos escritores aman o disfrutan más escribir y leer sus escritos publicados que comer. Entonces, no me cabe duda de que escribir es una gran motivación humana para todos los escritores que escriben desde sus cerebros produciendo dopamina y con pasión vocaciónal.

La lectura es una motivación para millones de seres humanos que pueblan el globo terráqueo. Y no me refiero solamente al hecho milagroso de la alfabetización de las niñas y los niños con la cual entran al maravilloso mundo del conocimiento. Me refiero más que nada al hábito de la lectura, que una vez invade la sangre, el cerebro y los pensamientos de los lectores asiduos, los transforma por siempre en "víctimas" de los reinos del deleite y del gozo que ella produce en el alma y el cerebro de sus poseídos.

La lectura es una motivación humana poderosa. Para algunos lectores es más poderosa que la motivación de la energía del dinero. Para otros, la lectura de un buen libro es una motivación mucho más placentera que el placer que produce un orgasmo erótico.

Práctica terapéutica

Las niñas y los niños que descubren que desean ser escritores durante su niñez y se dedican a ello en la adultez, poseen algunos rasgos de genios. Esto es exactamente lo que describen estos escritores en sus biografías e historia de vida.

Los mundos mágicos que crean los escritores solo pueden salir de mentes prodigiosas. Al leer a "Cien años de Soledad" de Gabriel García Márquez, la imaginación del lector se adentra en ese mundo maravilloso y fascinante del escritor. Crear un mundo como ese, es un acto creativo propio de un genio.

La mayoría de los seres humanos nacemos con alguna chispa de genio, pero en muchos casos, el proceso socializador de los niños apaga esa chispa natural de genialidad.

8. ¿Son los escritores genios?

Soy profesionalmente psicólogo, y sé que el concepto o paradigma de "genios" está asignado en psicología a aquellas personas con un Coeficiente Intelectual (CI) por encima de la media o el común. El CI común se considera entre 80 y 95, donde caemos el 80% de los humanos en la llamada campana de Bell.

En el estado actual del desarrollo de la humanidad, yo estoy de acuerdo con la proposición de que los escritores son genios.

Pero creo además, que todos los humanos nacemos con un pedazo de genio y con las posibilidades de crear cosas asignadas a genios, si ellas son componentes de nuestro proyecto de vida. Los seres humanos somos antes que otras cosas, seres humanos, y nacemos perfectos y sin ninguna carencia. Es más tarde, durante el proceso del desarrollo humano ya como adultos que empezamos a creernos todas estas calificaciones desventajosas que nos ponen limitaciones con las que no nacemos.

Casi todos los niños y las niñas nacen con una "tabula rasa" de cerebros en donde caben todas las posibilidades de los genios.

Existe un porcentaje de niños y niñas que nace con retos cerebrales y de otras índoles, pero aún ese porcentaje tiene que ser tratado con dignidad humana, y brindarles todas las posibilidades para que lleguen a ser todo lo que puedan con los recursos intelectuales que poseen.

Albert Einstein, Wolfgang Amadeus Mozart, Ludwig van Beethoven, Leonardo da Vinci, Isaac Newton, Galileo Galilei, Marie Curie, William Shakespeare, Aristóteles, Descartes, Thomas Edison (mis excusas por acortar esta lista), fueron genios de nacimiento, pero necesitaron de personas que guiaran y dirigieran sus genialidades.

¿Son los escritores genios?

Mi respuesta es un categórico sí para esa pregunta. Es necesario ser genio para crear y hacer poesías como la de Pablo Neruda o Pedro Mir. Solamente genios pueden crear los mundos fantasiosos y mágicos que se encuentran en los libros de ficción de Gabriel García Márquez, Isabel Allende, Julio Cortázar, Juan Bosch, Mario Vargas Llosa, y toda esa pléyade de historiadores de sueños mágicos que tenemos en América Latina.

No es que escribir, o más bien, re-escribir libros sea una tarea fácil. Re-escribir un buen libro es una tarea tortuosa, difícil, complicada, tediosa en ocasiones, y que necesita de mucha paciencia, tenacidad, inteligencia, dedicación y coraje. Hemingway re-escribió "Por quién doblan las campanas" treinta y nueve (39) veces. Y no hay espacio en el cofre de la duda de que él fue un escritor genial.

Los escritores son genios debido a los mundos que son capaces de crear y de recrear en sus historias mágicas y fantásticas. Los escritores se adelantan a los acontecimientos de la historia y a veces, de la ciencia. Julio Verne lo hizo, y muchos otros lo siguen haciendo hoy en medio de los avances tecnológicos. Los re-escritores siempre están muchos pasos adelante del "futuro" de la humanidad.

Los escritores son genios porque sus historias son capaces de sacarnos de la rutina y el aburrimiento, aunque sea temporalmente. Son los escritores los que escriben los guiones de las películas del cine y de la televisión vistas por millones de seres humanos, como una forma de entretenerse y desconectarse de la "cruda realidad" cotidiana. Ellos escriben los libretos de los humoristas y los comediantes, los discursos de los políticos, las biografías de los "triunfadores", los libros con los que se educan a los niños, las niñas y los jóvenes en las escuelas y las universidades, y los que desarrollan y escriben los programas y los algoritmos que usamos en las computadores, los iPod, los celulares y en las redes sociales.

Si usted no cree que los escritores son genios, supongamos que todos ellos dejen de escribir por un año. Mi suposición es de que el funcionamiento normal de la humanidad se detendría sin sus genialidades, y que el número de suicidio crecería en todo el globo terráqueo.

Práctica terapéutica

Acompañarse de un buen terapeuta

Escribir y leer libros es terapéutico, pero ambos son actos solitarios. Un buen terapeuta es una persona real que nos acompaña en el trayecto del arte de sanar los traumas de la niñez. A veces necesitamos experimentar una voz fuera de nuestra voz interna, y el acompañamiento de un buen terapeuta puede ser ese recurso profesional. Cada ser humano debería tener a su disposición un terapeuta, mentor o coach que se transforme en su compañero en la creación y construcción de su proyecto de vida.

Los libros salvan más vidas que la medicina, porque aún los avances médicos tienen que describirse y reportarse por escrito, por lo general, en libros y revistas profesionales. Además, para hacerse médico especialista hay que leer muchos libros e investigaciones científicas.

9. Un buen libro es como un paraíso en el desierto

Muchas de nuestras percepciones de la realidad son engañosas. Para empezar tenemos que decir que la mayoría de ellas se forman a partir de nuestros gustos o preferencias personales. Todos nosotros desarrollamos millones de gustos y preferencias acerca de millones de elementos y aspectos de la vida. Los humanos nos diferenciamos los unos de los otros en parte, debido a nuestros gustos y preferencias particulares.

¿Qué es un buen libro?

Primero, para que un libro sea bueno, quien lo lee tiene que haber desarrollado gustos y preferencias por los libros. Se entiende además, que el lector ha adquirido el hábito de la lectura, y que posee ciertos grados de ilustración intelectual.

Para un lector de biografía histórica, un buen libro describe hechos históricos. Sus gustos y preferencias de la lectura están marcados por este tipo de libros. Para un lector con el gusto literario del realismo mágico, "Cien años de soledad", de Gabriel García Márquez, es un libro excelente. Este es un libro excelente sin que los gustos y las preferencias de los lectores importen mucho. Para un lector de gustos y preferencias literarios simples y lineales, "En Nombre de la Rosa", de Umberto Eco, puede resultar un libro sin sentido y aburrido.

No estoy cuestionando el hecho básico de que cada libro y género literario tiene su propio valor intrínseco. Además, el dicho dice que "para los gustos se hicieron los colores".

Un buen libro es aquel que está bien escrito

Un buen libro es aquel que está bien escrito. Y solamente un buen escritor puede escribir un buen libro. Un buen escritor sabe bien cuando ha alcanzado la maestría en el arte de escribir libros. Si es un libro de ficción, como relato o novela, el escritor del libro se "adapta" al género, está bien argumentado, la trama está en armonía con los personajes y el ambiente histórico y cultural, etc.

Un buen libro es aquel que le habla al lector mientras es leído, y que provoca en el lector el tipo de emociones y sentimientos que el autor diseñó para el lector. Un buen libro saca al lector de sus pensamientos habituales, y lo transporta al mundo creado por el autor.

Al final de la lectura, cuando el lector lee un buen libro, sus percepciones, emociones y sentimientos han sufrido cambios. Todo lector que lee un buen libro desea leerlo de nuevo en algún momento, y lo recuerda con sentimientos agradables. Un buen libro tiene el poder de cambiar los gustos y las preferencias literarios de los lectores, al menos temporalmente. Por lo general, un buen libro saca al lector de su realidad cotidiana y lo traslada a un mundo mejor y más placentero descrito por el autor.

Un buen libro tiene el poder de unir, aunque sea temporalmente, al lector y al autor por medio de las imágenes y las fantasías que el libro provoca. El lector de un buen libro sabe que valió la pena sumergirse en el mundo de la lectura, porque siente que la lectura del libro lo hizo ver su vida desde una perspectiva novedosa y más atractiva y placentera.

Práctica terapéutica

¿Cuál fue el último buen libro que leíste? ¿Por qué lo considera un buen libro? ¿Qué provocó y dejó dentro de ti ese buen libro leído?

Esa es la esencia catártica y terapéutica de un buen libro: el tocar nuestras fibras emocionales para trasladar nuestros pensamientos a mundos más placenteros y saludables.

Un buen libro necesita de un buen lector que lo lea. ¿Te consideras un buen lector? Y si es así, ¿por que crees que eres un buen lector?

No sabemos a "ciencia cierta" si los animales poseen o no las capacidades para imaginar. Lo que sí sabemos es que para los seres humanos, la imaginación no es solamente la materia prima de los escritores, ella es la materia prima de la vida. Una vida humana sin las capacidades y las habilidades para imaginar se encuentra en el camino hacia su muerte, o probablemente ya lo esté.

10. La materia prima de los escritores

El acto de crear

Todo lo que llega a ser una entidad tangible y física pasa por un proceso de creación.

Por lo general, este proceso creativo es implementado por un creador. Y todo creador necesita de materia prima, los ingredientes y recursos usados en el proceso creativo, para crear algo. En este libro no voy a enfatizar las etapas del proceso creativo, porque ese es un tema que requiere de más detenimiento escritural.

La materia prima de un escritor

La pregunta que planteo para esta parte del libro, es: ¿Cuál es la materia prima de un escritor?

Existe un acuerdo general para responder esta pregunta diciendo que la materia prima de un escritor es su capacidad imaginativa. Los escritores de ensayos y libros que no son de ficción necesitan tanto de su capacidad imaginativa como los escritores de libros de ficción que escriben novelas, cuentos, guiones de películas, etc.

Algunos teóricos que escriben sobre este tema exponen que la materia prima de los escritores son sus experiencias y vivencias con la realidad. Yo no estoy de acuerdo con ese argumento. Todos los seres humanos tienen experiencias y vivencias con la realidad, pero no todos son escritores, al menos usando el lenguaje escrito y las imágenes de sus vivencias cotidianas con la realidad. Y en el caso de los escritores de libros de ficción, la "realidad pura" tiene muy poca utilidad para sus escritos.

La capacidad imaginativa de los escritores

La real materia prima de los escritores, es decir, la esencia que les provea a los escritores sus resultados, productos, consecuencias o efectos, y las obras que escriben o crean, es su capacidad imaginativa. Todos los escritores que producen resultados creativos tangibles como libros, canciones, películas, lienzos, utilizan su capacidad imaginativa para crearlas. Los demás elementos del proceso creativo pueden estar presentes, pero es el poder de la capacidad imaginativa de los escritores lo que hace que sus ideas, pensamientos e imágenes se transformen en realidades tangibles y físicas representadas en los libros que escriben.

Todos los artistas que crean saben lo que es estar "estancado" en el proceso creativo. En el caso de los escritores, estar "estancado" significa que la capacidad imaginativa ni aflora ni fluye, porque no se manifiesta hacia afuera de la manera que el escritor siente dentro. Los escritores "estancados" poseen todos los demás elementos del proceso creativo a su disposición para crear sus libros, excepto la capacidad imaginativa. Algunos llaman este elemento particular de la capacidad imaginativa "musa o inspiración". Esta se define como la energía que impulsa y hace visible la capacidad imaginativa. Los escritores experimentados aprenden a "forzar su musa o inspiración" para cumplir con el proceso creativo propuesto.

Crear un libro atraviesa por los procesos de fecundación, gestación, y alumbramiento

Todos los escritores saben que crear un libro pasa por el mismo proceso de fecundación, gestación y alumbramiento que transita la creación de un ser humano. Es un proceso arduo, tortuoso y celebratorio al mismo tiempo. Ningún escritor puede completar este ciclo creativo sin el ejercicio pleno de su capacidad imaginativa. Es la capacidad imaginativa de los escritores la que los hace co-participantes y co-creadores de realidades. Los escritores, por medio de su capacidad imaginativa en acción, se transforman en portavoces e instrumentos de las energías creativas del universo.

Práctica terapéutica

Si pudieras imaginar que eres incapaz de leer este libro, ¿cómo te sentirías?

Como adultos, olvidamos esos momentos mágicos de la niñez cuando logramos adquirir las dos destrezas más importantes de los seres humanos civilizados: escribir y leer.

La identidad y la autoestima de los seres humanos están estrechamente conectadas con el desarrollo y el reforzamiento de estas dos destrezas o habilidades.

¿Cuánto añade a tu felicidad saber escribir y leer? ¿Qué tan conectado a tu identidad y autoestima se encuentran las destrezas de saber escribir y leer? ¿Podrías imaginarte sin poseer estas dos habilidades?

El arte de sanar los traumas de la niñez se conecta con la escritura y la lectura.

En la vida moderna, saber escribir y leer son fuentes de placer estético, expansión intelectual y geográfica, y de recurso terapéutico para todos los seres humanos que desarrollan el hábito de escribir y de leer.

11. ¿Por qué seguimos escribiendo y leyendo libros en el siglo XX1?

La historia de la escritura de libros como la conocemos hoy ha pasado por jornadas tortuosas en la historia de la humanidad.

Primero, se necesitaban lectores letrados que tuvieran el interés y la necesidad de leer libros impresos. Luego, resolver los problemas técnicos y de recursos que se necesitaban para imprimir libros. Despacio, pero con consistencia y paciencia, la humanidad resolvió ambos dilemas. Y la primera imprenta de libros surgió, siendo lo demás historia sabida por todos los que leen este libro.

La cultura de los libros fortalece la autoestima humana

En el siglo XX1 no solo tenemos libros impresos en papel, en todo tipo de papel, formato, tamaño, sugerencias de belleza estética, sino que también tenemos el privilegio de poder leer libros digitales, audiolibros, videolibros, y libros subliminales.

Escribir y leer libros es una parte intrínseca de la cultura general del siglo XX1. Ni la televisión ni el internet ni la cultura del celular inteligente han podido deshacerse de la cultura popular del libro. Por lo contrario, ella se adapta a todos estos avances tecnológicos, y cada uno de estos avances tiene que encontrar la forma de incorporar el libro en sus agendas.

¿Por qué seguimos escribiendo y leyendo libros en el siglo el XX1?

Mi primera respuesta a esta pregunta es simple: porque el libro, en cualquiera de sus formatos, es insustituible. Ni la cultura de la radio, la televisión, el internet o el celular inteligente pueden sustituir la cultura del libro. En la mayoría de los países llamados "civilizados" la educación formal de los niños y de los jóvenes depende de los libros. Y en esta educación formal se incorporan otras formas de lectura a la cultura primaria de los libros impresos, como son los libros digitales, audiovisuales, y audio libros.

Los medios audiovisuales necesitan de guiones escritos

La música, la radio, la televisión, el cine y todos los demás medios de "entretenimiento" dependen de guiones escritos para que funcionen apropiada y efectivamente. Es decir, todos ellos dependen de las destrezas y las habilidades de los escritores para que funcionen cabalmente. Detrás de toda buena canción o película o producción comercial y o financiera, hay buenos escritores escribiendo y revisando los proyectos y las propuestas escritas para estos proyectos. A esto tendríamos que agregar los lectores que se necesitan para que lean e interpreten los guiones o las propuestas y proyectos que se promueven e implementan en la radio, la televisión, el cine, el comercio, etc.

La cultura del libro es sencillamente indispensable, y no podemos visualizar en los horizontes de los avances tecnológicos su desaparición. Ella sostiene las otras formas de comunicación electrónica y computarizada del siglo XX1. Es decir, la cultura del libro es la base intrínseca de todas las otras maneras de comunicarse aún en el llamado siglo de las tecnologías digitales.

La creación y la lectura de los libros son actos terapéuticos

Hay un placer enorme en la creación y la escritura de un libro. Y todos los escritores experimentan estas vivencias placenteras mientras escriben, sin importar lo que suceda al final con estas escrituras. Los escritores disfrutan del placer de escribir solo por el placer de escribir. Para un escritor, el placer de escribir puede resultar más placentero que un orgasmo erótico. De hecho, un escritor poseído por la inspiración escritural durante el proceso de terminar un proyecto de escritura, es capaz de olvidarse totalmente de su vida sexual por un largo tiempo. Los escritores experimentados saben cómo utilizar su energía sexual en beneficio de su poder creativo y escritural.

El placer que produce la lectura de un buen libro no tiene comparación. El siglo XX1 se ha vuelto visual, pero el placer que produce una película, un documental, una buena historia periodística en la televisión o en video acerca de una canción en el iPod o el celular inteligente, tiene que estar basado en un buen guión escrito por un escritor para esos fines.

Leer un buen libro no solo es placentero, para muchos lectores lo es mucho más que un corto orgasmo erótico, sino que también, transporta la imaginación y los pensamientos de los lectores a otros mundos más acogedores que el presente. Todos necesitamos "escaparnos" de la "realidad cruda" en ocasiones. La lectura continúa siendo el medio preferido de hacerlo para billones de seres humanos sobre el globo terráqueo.

Finalmente, la escritura y la lectura de libros sigue siendo el medio de aprendizaje y de cambio utilizado por billones de humanos sobre la tierra. Los libros, sin importar el formato en que se lean, están en la humanidad para quedarse, por ahora.

Una humanidad sin libros equivaldría a una humanidad sin aire, sin agua, sin energía eléctrica.

Héctor Williams Zorrilla

Práctica terapéutica

¿Podríamos imaginar una humanidad sin libros, sin escritores y sin lectores? Sería un acto difícil aún estrechando al máximo la imaginación.

El arte de sanar los traumas de la niñez transita de manera ineludible por los senderos luminosos de los libros, la escritura y la lectura.

¿Qué emociones te provoca leer esta parte del libro? ¿Esta parte del libro de alguna forma está relacionada con la autoestima y la terapia?

La escritura y la lectura son terapéuticas por sí mismas. Como lector, ¿puedes ver cómo la lectura es un acto terapéutico?

Curarse de los traumas de la niñez es un arte disponible para todos los seres humanos que han experimentado el privilegio de la fecundación.

Capítulo 3.

Las historias de vida son los materiales crudos que crean cada vida.

Una corta historia. Ferno II

El placer más profundo que Ferno disfrutaba hasta los ocho años de edad era el riachuelo vibrante y caudaloso que circundaba el valle paradisíaco donde nació. El agua que lo alimentaba parecía brotar de la nada, y borbotones de chorros emergían constantemente con un sonido melodioso que se unía, como una sinfonía bien orquestada, a los sonidos de la brisa entre los grandes arbustos y a los cantos armoniosos de las pájaros.

A Ferno le encantaba visitar lugares específicos del riachuelo, particularmente esos espacios donde la naturaleza dejaba florecer sus maravillas majestuosas y milagrosas. Las dos colmenas de abejas que habitaban a lo largo del riachuelo eran lugares encantados para un niño preñado de fantasías que adornaban su fecunda imaginación.

Ferno se recostaba a la distancia de las colmenas de esas abejas laboriosas y sabias, para observarlas con asombros hipnóticos. Las abejas volaban y regresaban, volaban y regresaban, y los panales de miel se hacían más espesos y jugosos de miel recién fabricada.

En su mente infantil, Ferno no podía comprender el proceso químico que implicaba esa producción de miel emanada de abejas que solo poseían patas y bocas creadoras de sonidos característicos.

Pero su curiosidad infantil en ocasiones lo impulsaba a acercarse a los panales de las abejas para tomar un panal de miel protegiendo su cara con pequeñas ramas de árboles que arrancaba de los arbustos.

Tomaba el panal de miel en su mano derecha temblorosa y salía corriendo para salvarse de las picaduras de las abejas que lo perseguían. Ya a salvo, en un espacio seguro, Ferno empezaba a disfrutar de la miel recién fabricada más sabrosa en todo el globo terráqueo.

El arte de sanar los traumas de la niñez

La niñez posee todos los ingredientes para practicar el arte de sanar los traumas de la niñez.

Veamos algunos de esos ingredientes:

1. La creatividad: durante la niñez, la creatividad brota a borbotones con los poros. El arte de sanar los traumas de la niñez se viste de las galas creativas.
2. La imaginación: la imaginación transita junto con la creatividad y es un componente intrínseco de ella.
3. La intrepidez y la valentía para la innovación: la niñez no le teme a lo novedoso, por el contrario, lo abraza y lo honra.
4. El emprendimiento: emprender es un elemento natural a la niñez, durante la cual se crean juegos imaginarios de la nada.

5. La apertura a los cambios: los cerebros de los niños tienen todas sus puertas abiertas a nuevas carreteras neuronales, dispuestos siempre a aprender nuevos hábitos.

6. La actitud mental positiva: durante la niñez, la vida es bella y novedosa, siempre está a nuestro favor, y procura nuestro bienestar.

7. La aceptación positiva e incondicional: la niñez acepta la vida sin prejuicios, sin ponerle condiciones, y confiando en sus resultados positivos.

8. La empatía: los niños intentan siempre poner sus pies en los zapatos de los demás, después que ellos sobrepasan la fase del egocentrismo natural en los primeros años del desarrollo infantil .

Tanto el resentimiento como el guardar rencores son conductas difíciles durante la niñez, mientras que el perdonar es una actitud fácil y rápida para un niño. Es difícil para los traumas anidarse y habitar en los corazones y los cerebros vulnerables de los niños. Debido a ese hecho, la mayoría de los traumas se trasladan a la vida inconsciente y subconsciente para exhibirse desde esos espacios durante la adultez.

Hechos terapéuticos importantes

Este libro plantea que la mayoría de las experiencias de la niñez son terapéuticas en todas las culturas humanas, aún en aquellas donde la niñez no es valorada y protegida en su dimensión psicosocial plena.

Es el hecho vital y esencial de ser niño lo que le asigna valor terapéutico a la niñez. Existe una fase natural del desarrollo infantil en la cual los niños exhiben egocentrismo para protegerse y para aprender su propio valor.

Durante esta fase, los niños aprenden límites, que es un elemento vital de la personalidad humana denominado identidad, junto a su hermana gemela, la autoestima.

La función terapéutica de ambas, la identidad y la autoestima, es un tema incuestionable y central para la ciencia de la psicología de la niñez y la adolescencia.

Palabras terapéuticas

"La vida de un adulto está escondida en la vida de un niño de 7 años de edad."

(Hector Williams Zorrilla)

Lecturas terapéuticas y el arte de sanar los traumas de la niñez.

El arte de sanar los traumas de la niñez transita por varios caminos terapéuticos, entre ellos:

1. Hacerse más consciente de sí mismo: despertar el consciente, empezar a escuchar la voz o grabadora interior, para vivir más en el quién uno es, y menos en quien dicen las personas que soy.
2. Conectarse con las propias experiencias fenomenológicas de la vida, incluyendo las experiencias vividas durante la niñez.
3. Reconocer que los traumas experienciales no tienen por qué ser experiencias trágicas, porque ellos pueden también aparecer en eventos relacionales "inofensivos", pero que han marcado negativamente nuestras historias de vida.
4. Empezar por algún lado a juntar, conectar y a escribir sanamente nuestras historias de vida. Después de todo, en nuestras historias de vida, y aunque en ellas hay otros actores y actrices, nosotros somos los protagonistas principales.
5. Enfrentarse con motivación y coraje a lo que ha sido, lo que es ahora, y a lo que será en el futuro con respecto a nuestras historias de vida. Dejar de utilizar lo menos posible los mecanismos freudianos de defensa, como la sublimación, el desplazamiento, la negación, la proyección, la regresión, y la represión, y aceptar nuestras historias de vida incondicionalmente.
6. Aprender a no juzgarnos negativamente, sino por el contrario, aprender a aceptarnos y a perdonarnos totalmente, porque siempre hacemos lo mejor que podemos con los recursos que poseemos en ese momento.

Podemos aprender a cultivar y enriquecer nuestros cerebros para pensar más pensamientos positivos en nuestro diario vivir.

1. Para curar los traumas de la niñez, hay que perdonar el pasado de pensamientos negativos con un presente de pensamientos positivos.

El mejor regalo que cada ser humano puede darse a sí mismo es aprender a quererse y a auto-amarse incondicionalmente. Es decir, aprender a tratarse con cariño, compasión y ternura. Cada ser humano tiene que tratarse como la persona especial y única que es, con la decisión inquebrantable de auto-amarse cotidianamente.

El primer acto de autoamor es el auto perdón

Para cada persona, su primer acto de autoamor es el autoperdón. Hay que aprender a perdonar el pasado total y completamente, incluyendo a todas las personas del pasado. Perdonar a todas las personas del pasado incluye además, perdonar a las personas que nos han dañado en alguna forma. Al perdonar a las personas del pasado, NO estamos perdonando sus actos malignos y perniciosos en nuestra contra. Ellas son responsables por esos actos, no nosotros.

El perdón nos libera de energías negativas

Pero, al perdonarlas, las dejamos libre y nos liberamos a nosotros al mismo tiempo. En el momento que nos liberamos del pasado negativo, podemos invertir nuestras energías en nuestro presente y en nuestro futuro. Cuando perdonamos totalmente nuestro pasado, podemos crear la vida que deseamos y merecemos vivir en el presente.

¿Qué significa perdonar el pasado?

Significa que lo bendecimos y le agradecemos todo el bien que nos hizo.

Todo nuestro pasado está compuesto de experiencias que guardamos en nuestras memorias mentales, emocionales, espirituales y fisiológicas. Nuestras memorias negativas y traumáticas las componen pensamientos negativos acerca de nosotros mismos, la vida y la humanidad. Cuando perdonamos nuestro pasado, transformamos nuestros pensamientos negativos y pesimistas, por pensamientos positivos y optimistas acerca de nosotros, la vida, la humanidad y el universo. Y al realizar este acto nos colocamos en el polo positivo y optimista del universo, donde debemos y merecemos vivir la vida.

Para sanar algunos traumas de la niñez necesitamos de ayuda profesional

Si poseemos memorias traumáticas arraigadas de abuso físico, sexual, emocional, socio-cultural y sicológico, es recomendable que un profesional, coach, mentor, o consejero, nos acompañe en el proceso.

No tenemos por qué temer ni avergonzarnos de tomar este camino de acompañamiento profesional, porque este trayecto es más seguro y sanador.

Tratar de vivir la vida sin perdonar nuestro pasado negativo y traumático, es como intentar cargar con 500 libras sobre nuestros hombros, conociendo que nuestros cuerpos solo pueden cargar con 200 libras. Todas esas libras demás nos aplastarán y no nos dejarán llegar a los lugares donde deseamos y merecemos llegar en la vida.

Nuestros pensamientos nos pertenecen a nosotros solamente

Nadie ni nada tiene acceso a nuestros pensamientos sin nuestro permiso.

Podemos cambiar cualquier pensamiento negativo por otro positivo cuando lo deseemos. No tenemos por qué ser víctimas de nuestros pensamientos negativos, aún si padecemos del desorden de personalidad llamado obsesivo y compulsivo. Podemos decidir cambiar nuestros hábitos de pensar negativamente acerca de nosotros mismos, la vida y la humanidad. Podemos aprender prácticas consistentes, sabias e inteligentes, que nos enseñen hábitos de pensar positivamente acerca de nosotros, la vida y la humanidad.

Podemos empezar este bello proceso con actos simples de autoamor

El primer acto para comenzar este proceso es el siguiente: perdonar completamente nuestro pasado, dejarlo ir, bendecirlo, y agradecerle todos los beneficios que nos ha regalado en nuestro diario vivir.

Práctica terapéutica

Podemos hacer este ejercicio para empezar el autoperdón:

Nos paramos frente a un espejo y le damos la bienvenida a nuestro niño de tres (3) años, lo abramos, besamos, y le decimos que lo amamos incondicionalmente.

Casi el ciento por ciento de los hechos, circunstancias y situaciones que nos ocurrieron en la niñez no fueron de nuestra responsabilidad, sino, responsabilidad de las personas adultas que nos cuidaban y protegían.

Por lo tanto, aprendemos a dejar de culparnos, y en su lugar, practicamos el autoamor. Además, aprendemos a permitir que cada persona que ha estado en nuestras historias de vida pague por sus propios actos, y nos deshacemos de nuestros impulsos de querer "castigarlos por sus errores".

Vamos a relajarnos, que no somos dioses buscando "culpables para castigarlos por sus errores".

Todo lo que existe es alguna forma de energía. Nuestros cuerpos son poderes energéticos vivientes que se expresan en nuestros pensamientos, emociones, creencias, percepciones y actos. Atraemos otras energías hacia nosotros a través de las energías que fluyen de nuestros cuerpos naturalmente.

2. ¡Cómo practicar en nuestras vidas cotidianas la ley de la atracción: Energías similares se atraen, energías desiguales se repelen!

La física cuántica explica que todo lo que existe es energía en movimiento continuo. Así que, ¿cómo podemos practicar en nuestro vivir diario este movimiento continuo de energías que se atraen y repelen mutuamente?

Tenemos que ser lo que deseamos poseer

Primero, tenemos que ser lo que deseamos atraer en nuestras vidas. Las energías que atraemos hacia nosotros son las mismas energías que poseemos. Si queremos atraer amor, tenemos que vivir en amor. Nuestras energías positivas atraen otras energías positivas hacia nosotros. Somos un poder energético, y todo lo que hacemos está cargado de energías. Nosotros decidimos cómo utilizamos esas energías en nuestro diario vivir. Todas las situaciones que existen en nuestras vidas son reflejos o espejos de las energías que poseemos en nosotros.

Cuando nos regalaron el milagro físico de la vida sobre esta tierra lo hicieron usando la segunda energía más poderosa que existe sobre esta tierra: la energía de la sexualidad.

La energía sexual femenina de la madre y la energía sexual masculina del padre se atrajeron mutuamente. Y de esa atracción y unión, nacimos nosotros. La energía sexual del óvulo de la madre atrajo la energía sexual de uno de los espermas del padre, se unieron en las trompas de falopio, y así empezó ese proceso milagroso que nos da origen físico. Somos entidades energéticas milagrosas originadas físicamente en el poder inherente a la sexualidad de nuestros progenitores.

Los pensamientos sexuales de nuestros progenitores

Este asunto es un poco más complejo, porque antes de que las energías de nuestros progenitores se unieran físicamente, nosotros existíamos ya en las energías de sus pensamientos sexuales.

Empezamos a existir primero en la energía del pensamiento de nuestros padres, cuando ellos pensaron y decidieron tener actividades sexuales poseyendo ya las capacidades biológicas de procrear y traer una nueva vida a la tierra. En otras palabras, somos seres espirituales con forma física, porque estamos originados en pensamientos sexuales. No tenemos un cuerpo físico con un espíritu, somos un espíritu que poseemos un cuerpo físico para poder comunicarnos en esta forma física de vida que elegimos vivir en esta tierra.

Todos nosotros estamos regidos por la ley de la atracción

La ley de la atracción o karma energética es tan real en la vida como la ley de la gravedad. Ninguna de las dos son entidades físicas y tangibles que se pueden ver, tocar, palpar y oler, pero sabemos que ellas gobiernan todo lo que existe en el universo.

Todo lo que existe en el universo está compuesto de alguna forma de energía. Los humanos somos y estamos compuestos de materias energéticas de diferentes gradientes y matices. Para los seres humanos, las tres energías más poderosas e influyentes son: la energía del pensamiento, la energía de la sexualidad, y la la energía del dinero. Todo lo que los seres humanos sentimos, pensamos, hablamos, percibimos y hacemos, está compuesto de alguna forma de energía. Nuestras relaciones interpersonales están compuestas de energías, lo mismo que dormir, caminar, descansar, hablar, tener actividades sexuales, enamorarse, trabajar y pensar.

Así que, esencialmente todo lo que hacemos y somos es alguna forma de energía. Por ejemplo, cuando nos relacionamos con alguien o algo nos estamos relacionando con su energía de manera mutua y recíproca. Y esta es la premisa fundamental de todas las formas de energías: las energías similares se atraen, las diferentes se repelen.

En las relaciones e interacciones humanas las personas felices y con la energía de la felicidad, atraen a otras personas felices y con la energía de la felicidad hacia ellas. Las personas infelices y miserables que poseen esta energía atraen personas con la energía de la infelicidad hacia ellas.

Como nuestras relaciones son nuestras mejores maestras, esta realidad la podemos observar con claridad meridiana en las formas cómo formamos parejas románticas. Las personas deprimidas, pesimistas y tristes, atraen parejas con esas mismas energías hacia ellas para formar parejas románticas. Las personas alegres y optimistas, atraen parejas con esas energías para formar parejas románticas. Todos podemos observar las parejas felices porque los dos reflejan la energía de la felicidad, pero lo mismo podemos decir de las parejas románticas infelices.

Enamorarse y sentirse atraído románticamente es una energía con mucho poder, y por eso podemos ver claramente la realidad de la ley de la atracción dentro de las relaciones románticas y las relaciones de amistad.

No podemos evitar ni evadir el poder intrínseco de la ley de la atracción en nuestras relaciones humanas. Hacer eso sería como tratar de evadir y evitar la ley de la gravedad. Lo que sí podemos es estar consciente de ella al establecer relaciones significativas. Particularmente tenemos que incrementar nuestra consciencia del poder y la influencia de la ley de la atracción con respecto a las siguientes actividades de nuestras vidas.

Relaciones románticas y de amistad

Tenemos que poseer una alta consciencia del poder de la ley de la atracción en nuestras interacciones y relaciones románticas y de amistad.

¿Estamos atrayendo hacia nosotros el tipo de personas que deseamos en nuestras relaciones románticas y de amistad?

Si no es así, tenemos que dedicarnos a "limpiar" nuestras propias energías. Somos nosotros los que atraemos esas energías románticas y de amistad hacia nosotros. Por lo general las atraemos porque necesitamos aprender algo de ellas. Nuestros compañeros románticos y de amistad son poderosos maestros para nosotros. Si llegan a nosotros, es porque tienen algunas lecciones que enseñarnos en esa fase de nuestras vidas. Tenemos que aprender las lecciones que nos enseñan y seguir adelante aprendiendo nuevas lecciones de vida. Si tenemos una alta consciencia en esta área, no nos quedaremos estancados en una relación nociva e infructuosa más allá del tiempo necesario para aprender lo que teníamos que aprender en ella.

Relaciones con la energía del pensamiento

Tenemos que tener una alta consciencia del poder de la ley de la atracción en relación a la energía del pensamiento. Todo lo que creamos en nuestras vidas física y tangible primero existe en forma espiritual e intangible en nuestros pensamientos.

Todo lo que pensamos de manera consistente como un hábito y creencia se transforma una realidad tangible y física en nuestras vidas. La energía del pensamiento es la energía creativa y creadora más poderosa que los seres humanos poseemos.

Nuestros pensamientos no son "meros secretos mentales" que nadie más sabrá que estamos pensando excepto nosotros. Todos nuestros pensamientos en algún momento se hacen público cuando se convierten en realidades tangibles que todos podemos ver y tocar.

Hasta el día de la fecundación, nosotros éramos "meros pensamientos sexuales" en las mentes de nuestros padres. Esos pensamientos sexuales se hicieron tangibles y físicos, y aquí estamos nosotros hoy hechos entidades físicas y tangibles. Y mucho antes de eso, éramos parte de la historia de la divinidad o del universo (usted elige cómo se lo explica mejor a usted mismo).

Relaciones con la energía de la sexualidad

Tenemos que poseer una alta consciencia del poder de la ley de la atracción con respecto a nuestra energía sexual. Sin esta alta consciencia podemos manifestar esta poderosa energía de manera animal, instintiva, irracional y sin el sentido y contenido espiritual que ella posee en sí misma.

Nuestra energía sexual posee componentes de curiosidad, novedad, placer, compromiso social, y reproductivo o creador de nuevas vidas. Tenemos que desarrollar una alta consciencia de cada uno de estos componentes de la energía sexual. Solo así podemos manifestar y disfrutar de esta energía con balance, armonía y sincronía con la ley de la atracción que rige el universo del cual somos partes esenciales.

Relaciones con la energía del dinero.

Tenemos que poseer una alta consciencia de la ley de la atracción en relación a la energía del dinero. Nosotros no podremos sobre-enfatizar nunca la importancia e influencia de esta energía en nuestras vidas. Solamente podemos atraer hacia nosotros personas con una alta dosis de la energía del dinero si nosotros poseemos una alta dosis de la energía del dinero. Las energías similares se atraen mutuamente, mientras que las energías diferentes se repelen mutuamente. La energía del dinero manifiesta esta realidad polar más que ninguna otra forma de energía. Tenemos que crear y mantener con nosotros mucha energía del dinero, para seguir atrayendo hacia nosotros más energía del dinero.

Práctica terapéutica

Nunca hemos visto la ley de la gravedad, pero sabemos que ella ejerce su poderoso poder sobre nosotros.

Con la ley universal de la atracción sucede lo mismo, y para darnos cuenta de ello solo tenemos que observar nuestras creaciones diarias.

¿Cuáles son las circunstancias y situaciones que más abundan y prevalecen en nuestras vidas? ¿A cuáles elementos o aspectos de la vida le prestamos más atención en nuestro diario vivir? ¿Cuáles son las emociones que más expresamos diariamente?

El arte de sanar los traumas de la niñez nos invita a aprender lecciones importantes que nos enseñan la energía del pensamiento, la energía de la sexualidad y la energía del dinero.

Tanto las conductas optimistas como las conductas pesimistas se aprenden creando nuevas carreteras neuronales en las conexiones del cerebro humano. Podemos entrenar nuestros cerebros a expresar hábitos de vida optimistas en nuestras comunicaciones verbales habituales.

3. ¡El péndulo del optimismo: Cómo vivir nuestras vidas como un río caudaloso que se dirige hacia el océano!

En el campo de la neuropsicología hay claras indicaciones de que el optimismo beneficia la vida mental, emocional, intelectual, espiritual, física y socio-cultural. Abundan los beneficios médicos, y hasta las curaciones "milagrosas" del optimismo. Además, el optimismo beneficia la longevidad. El llamado "sueño Americano" está basado en la psicología del optimismo, mucho antes de que la psicología positiva apareciera en el escenario científico.

Viktor Emil Frankl, fue un neurólogo y psiquiatra austriaco, fundador de la Logoterapia. Sobrevivió desde 1942 hasta 1945 en varios campos de concentración nazis, incluidos Auschwitz y Dachau. Él es un ejemplo del poder viviente del optimismo practicado en condiciones difíciles. Nelson Mandela, condenado a cadena perpetua, es otro modelo poderoso de la práctica del optimismo en situaciones adversas.

El optimismo y el pesimismo se aprenden

En la actualidad no tenemos ninguna duda de que ambos, el optimismo y el pesimismo se aprenden. Las investigaciones del fundador de la psicología positiva, el Dr. Martin E.P. Seligman, han demostrado que tanto el optimismo como el pesimismo se aprenden. Y que además, es posible aprenderlos temprano en la vida, por lo general, en los primeros diez (10) años del desarrollo humano. Los mensajes que recibimos de las personas que nos sirven de modelos durante estas primeras fases de la vida juegan un papel predominante en que seamos personas pesimistas u optimistas en nuestra adultez.

Pero, ¿qué puedo hacer, si ya he aprendido a ser una persona pesimista, y deseo transformarme en una persona optimista?

La tarea humana de acomodarse o de crear un proyecto de vida

Lo primero que tengo que hacer es aprender a cumplir con la primera tarea que me asignan los "contratos sagrados" sobre esta tierra y en el universo: **ACOMODARME**.

Y para acomodarme, tengo que darle significado personal a mi propia vida. Yo no puedo acomodarme si estoy desempeñando papeles en la vida que otros me han impuesto, pero que no son los papeles que yo deseo realmente vivir.

Acomodarme significa que descubro quién soy realmente, y qué deseo hacer con esta vida única que se me ha regalado.

Y luego que tengo ese conocimiento básico, me dedico a construirla paso a paso y cueste lo que cueste. Este es mi primer "contrato sagrado" con el que vine a esta tierra y al universo a los que pertenezco. No se me ha regalado esta vida preciosa para ser "cola", ni "parapete", ni instrumento, ni portavoz, ni esclavo, ni ideólogo, ni paradigmas de ningún ser humano, institución, organización o situaciones o circunstancias.

Acomodarme es encontrar mi identidad vital, mi esencia intrínseca dentro de mí, y luego empezar a vivirla a plenitud.

¿Cuándo sé si me estoy acomodando?

Cuando estoy utilizando las energías del pensamiento (mi mente), la del dinero y la de sexualidad para mi propio beneficio saludable.

Me acomodo cuando estoy usando todo lo que soy como ser humano y entidad social, para hacer de mi vida un acto creativo bello, y puedo decir a voz llena: mi vida es bella y la amo a plenitud.

La tarea de aprender a ser optimista

Segundo, aprendí a utilizar la psicología del pesimismo usando mis pensamientos (las ideas que permito en mi mente), mis creencias, y las palabras que uso cotidianamente.

Este es el mismo método que tengo que usar para aprender a ser una persona optimista. Yo tengo unos 60,000 pensamientos por día, la mayoría transitando en un círculo de repetición.

De manera consciente, tengo que empezar a usar pensamientos positivos hacia mí mismo, mi vida, la vida en general, los demás, y las situaciones y circunstancias de la vida que yo mismo atraigo hacia mí con los pensamientos que utilizo.

Mis pensamientos son el mayor poder creativo de que dispongo, y tengo que utilizar este poder de manera positiva para mi propio beneficio.

¿Cómo empiezo a ser una persona más positiva?

Primero, tengo que aprender a amarme incondicionalmente.

Y aquí entra el segundo elemento de aprendizaje del optimismo: mis creencias. Aprender a auto amarme incondicionalmente no me transforma en un ser egocentrista. Tengo que deshacerme de muchas creencias que me perjudican, y aprender y practicar creencias que me benefician.

El tercer elemento es aprender a utilizar las palabras apropiadas para describirme y tratarme a mí mismo

¿Son las palabras que salen de mi boca un indicativo de que vivo mi vida basada en el miedo, la vergüenza y la culpa?

Cada palabra que sale de mi boca me describe en cierta manera, porque antes de salir de mi boca pasa por el colador de mis pensamientos y de mis creencias. Lo que pienso de mí mismo, es lo que creo de mí y lo que me digo a mi mismo con palabras. Y esa es la comunicación energética que sale hacia afuera de mí.

Yo soy literalmente lo que pienso, lo que creo y lo digo con mi boca. Toda mi realidad tangible la creo con esos tres elementos: pensamientos, creencias, y palabras.

La tarea de aprender a tratarme con ternura

Tengo que aprender a tratarme a mí mismo con ternura, cariño, compasión y amor, verdadero amor

Ya me han criticado lo suficiente durante la niñez.

Ahora es mi tiempo para tratarme de manera diferente: como la persona más importante que existe en el globo terráqueo y en el universo.

Por eso me transformo en un ser optimista: porque creo en mí, en mis posibilidades infinitas, en mi esencia espiritual. Empiezo a creer en el hecho de que todo lo que necesito para vivir la vida que merezco vivir, ya me ha sido provisto por un universo que es ilimitado. Ser una persona optimista, es un componente vital de mi esencia espiritual.

Me regalaron la vida sobre esta tierra y el universo, para vivir plenamente. Por eso poseo un cerebro con capacidades cuasi infinitas, esperándome que lo use a plena capacidad.

El pesimismo no es parte de mi ser vital, el optimismo sí lo es.

Los frutos del optimismo se muestran en mis conductas

Cuando soy optimista, los frutos, resultados o consecuencias son visibles a todos a mi alrededor. Las conductas del optimismo son contagiosas. La conducta del optimismo es una energía poderosa, que atrae más optimismo para que la acompañe.

El optimismo me permite ser un río caudaloso que se dirige hacia el océano, no una laguna con aguas putrefactas. El optimismo es una película en movimiento, no una fotografía muerta en la pared.

Ser una persona optimista es parte de mi esencia vital, de mi identidad divina y espiritual, porque vine a esta tierra y al universo para vivir una vida llena de actos de felicidad, no de miseria.

Héctor Williams Zorrilla

Práctica terapéutica

La actividad mental positiva es una estrategia poderosa que podemos utilizar como arte para sanar los traumas de la niñez.

El primer paso para hacerlo es empezar a entrenar nuestros pensamientos, poco a poco y despacio, para que sean cada día pensamientos positivos. El cerebro humano, para sobrevivir, casi siempre "prefiere pensar en las peores situaciones posibles", y entrenarlo a pensar de forma positiva es revertir esta tendencia natural que posee.

Pero nuestro cerebro posee plasticidad, y el cambio y el aprendizaje son características vitales y naturales de su esencia.

Frente a cualquier situación o circunstancia de la vida podemos preguntarnos:

¿Estoy viendo el vaso medio lleno, o medio vacío en esta situación? ¿Qué es lo mejor que me puede ocurrir ahora? ¿Puedo respirar, tranquilizarme y pensar racionalmente? ¿Necesito contarle a alguien lo que me pasa? ¿Me han ocurrido situaciones similares en el pasado?

Es asombroso lo que le sucede a nuestros cerebros de manera positiva cuando nos detenemos por unos minutos y nos hacemos esas preguntas. Los resultados se asemejan literalmente a tener una buena sesión terapéutica.

El dinero ni es dios ni es diablo, ni es la felicidad ni la puede comprar, pero sin dinero suficiente para adquirir las cosas necesarias para vivir con decencia y respeto, la vida se parece al infierno y la infelicidad se apodera de las ondas del cerebro humano.

4. ¡Para recuperar el paraíso perdido, tenemos que utilizar sabiamente la energía del dinero en la vida diaria!

La energía del dinero es la tercera Energía más poderosa que poseemos los seres humanos. Las energías de los pensamientos y la de la sexualidad son las otras dos, las poseemos dentro de nosotros. La energía del dinero está fuera de nosotros, pero no podemos menospreciar ni infravalorar el poder de la energía del dinero. Usando sabiamente la energía del dinero podemos hacer de nuestras vidas un paraíso, pero utilizándose inapropiadamente esta puede guiarnos al infierno literalmente.

Aprender sobre la energía del dinero

Cuando nos regalaron este milagro de la vida vinimos a la tierra sin una sola idea del poder de la energía del dinero.

Probablemente, durante los primeros cinco a ocho años de nuestra vida sobre esta tierra, el poder de la energía del dinero nos era desconocido. Un día, que a lo mejor lo recordamos, descubrimos que el dinero era una energía poderosa. Supimos que los juguetes que disfrutamos dependían de esta energía. Y que además, las ropas que nos ponemos, los alimentos que podíamos comer, el lugar donde vivíamos, la escuela donde asistíamos, los amigos que teníamos, los lugares donde podíamos ir, todos dependían grandemente de la cantidad de la energía del dinero que nuestros padres y familiares cercanos poseían

El día que descubrimos el poder de la energía del dinero

Un día entendimos que el poder de la energía del dinero hacia marcada diferencias entre los seres humanos. Y que los humanos que poseían más de esta energía podían disfrutar de una mejor calidad de vida. Estos humanos Vivían en los mejores lugares, se educaban mejor, disfrutaban de cosas más finas y delicadas de la vida, compraban los mejores vehículos, vivían en las mejores casas, tenían los mejores trabajos, comían en los lugares más finos y caros, vestían las ropas más exquisitas y exclusivas, viajaban a otros lugares de vacaciones y por placer, y parecían seres más felices y complacidos con la vida.

Este descubrimiento de la energía del dinero fue importante

Este fue un gran descubrimiento el que hicimos a cualquier edad que lo hayamos hecho. Tenemos que utilizar este descubrimiento para nuestro beneficio. Tenemos que permitir que este descubrimiento nos lleve por el camino correcto en el manejo apropiado de la energía del dinero.

Sanar las emociones que nos provoca la energía del dinero

Si hemos utilizado este descubrimiento inapropiadamente para herirnos, llenarnos de amarguras, resentimientos, vergüenzas, culpas, temores, envidias, dudas y rencores en relación a la energía del dinero, tenemos que sanar esas emociones ahora. Porque no podemos darnos el lujo de estar y vivir enfermos respecto a la energía del dinero. El precio que pagamos por esa enfermedad es muy alto.

La energía del dinero posee el poder para que hagamos de nuestra vida un paraíso, si la usamos sabiamente. La energía del dinero tiene el poder para que hagamos de nuestra vida un infierno literalmente, si la usamos sin inteligencia. A lo mejor ya sabemos por experiencia propia el poder de esta verdad observando la vida que vivimos actualmente.

Creencias inhibitorias sobre la energía del dinero

Probablemente hayamos aprendido creencias e ideas erróneas y perniciosas acerca de la energía del dinero. Tenemos que aplicarnos a desaprender estas ideas y creencias aprendidas sobre la energía del dinero con urgencia, persistencia y desvelo.

Tenemos que hablar de la energía del dinero

Primero, tenemos que romper con el mito de que sobre la energía del dinero no se habla. No podemos hacer de este tema un tabú, rompemos con ese tabú, y nos deshacemos de ese mito en nuestro diario vivir.

Tenemos que hablar sin miedo, vergüenza ni culpa de la energía del dinero. Esta es nuestra primera tarea y tenemos que dedicarnos a ella con ahínco, valor, coraje, determinación y pasión.

Todas las personas que han aprendido a usar la energía del dinero apropiada, sabia e inteligentemente y para el bienestar de sus vidas, hablan de ella sin tapujos y con claridad meridiana.

Si hablar de la energía del dinero nos hace sentir incómodos, revisemos y examinemos nuestras ideas y creencias sobre esta poderosa energía. Probablemente esas creencias e ideas que tenemos acerca de la energía del dinero nos están haciendo daño, impidiendo alcanzar nuestro potencial financiero sobre esta tierra. No podemos permitir, bajo ninguna circunstancia, que hablar de la energía del dinero sea un tema tabú y un mito para nosotros.

La insolvencia financiera no es una opción

Empecemos por decir, que no vinimos a esta tierra a ser financieramente miserable e insolvente.

Nosotros y nuestras familias debemos ser personas financieramente solventes. Además, que seamos personas financieramente solventes es más que simplemente sobrevivir. Como seres humanos que somos, la supervivencia nos está asegurada, y no deberíamos luchar a muerte para sobrevivir sobre esta tierra y en el universo.

Llegamos a esta tierra para cultivar la felicidad

Existen macroideas sociales que nos han enseñado que somos seres débiles, pobres, inadecuados, carentes, y que por lo tanto, vinimos a esta tierra a sufrir, a ser infelices, pobres, sobrevivir, y ser miserables hasta "que muramos".

La idea del autor en este libro es diferente a esa. Somos seres espirituales con origen divino, por lo tanto, merecemos la mejor vida posible sobre la tierra. Para los seres humanos, y somos seres humanos a plenitud, sobrevivir no se encuentra en los planos de la divinidad. Somos seres espirituales con origen divino, y el universo es infinito, y como seres espirituales y parte esencial del universo, no podemos meramente sobrevivir. La sobrevivencia nos está garantizada como seres excelentemente divinos.

No hemos venido a esta tierra a sufrir, sino a ser felices.

La energía del dinero es positiva y beneficiosa

Otras de las ideas y creencias dañinas y perniciosas sobre la energía del dinero es la que enseña que el dinero es malo, es decir, que pertenece al diablo y satanás, y no a Dios o lo divino. Nos han enseñado esas ideas distorsionadas y perjudiciales basadas en la incorrecta interpretación del Libro Sagrado que dice que "El amor al dinero es la raíz de todo lo malo".

Fijémonos que el Libro Sagrado no dice que el "dinero" es la raíz de todo lo malo. Dice que, el "amor al dinero" lo es.

No hay nada malo con la energía del dinero, y por el contrario, ella posee mucho bien y bienestar. No es posible amar sanamente el dinero, pero sí es posible amar sanamente los beneficios que su uso nos proporciona en la vida.

Liberémonos con urgencia y persistentemente de la falsa idea y creencia de que tener mucho de la energía del dinero y disfrutar de sus beneficios es malo, pecaminoso, y que está en contra de las leyes de Dios y lo divino de donde procedemos. Mientras más energía del dinero poseemos en la vida, más posibilidades tenemos de estar cerca de Dios y de lo divino, que es nuestra procedencia natural. Y además, más oportunidades se presentarán para servirle sobre esta tierra, hacer el bien, y bendecir a otros seres humanos.

No podemos servir a Dios o lo divino realmente, si somos financieramente miserable e insolvente. Esto sería una contradicción con la esencia de la abundancia divina y lo infinito del universo al que pertenecemos. Debemos aceptar toda la energía del dinero que llegue a nosotros y usarla para bendecirnos y bendecir a otros.

La miseria e insolvencia económicas son una maldición, no una bendición.

Somos divinamente bendecidos, y esta idea y creencia sobre la energía del dinero es incompatible con nosotros. En nuestro paso por la tierra debemos amasar con nosotros la mayor cantidad de la energía del dinero que podamos.

La energía del dinero es importante

Otra idea muy popular sobre la energía del dinero es la que te dice que el dinero no es lo más importante en la vida. Por lo general, quienes nos dan ese consejo o tienen mucho dinero, o son financieramente insolventes. Hay algunas cosas que podemos hacer sin pagar nosotros mismos, pero es porque ya otros pagaron por nosotros. Respirar en una montaña es gratis, pero tenemos que pagar para ir a la montaña a menos que vivamos en ella. Y sabemos que no es gratis vivir en una montaña.

El aire que respiramos en nuestra casa es gratis, pero tenemos que pagar electricidad u otros tipos de amenidades para vivir en ella.

Todo lo que hacemos en la vida tiene un precio

Todo lo que hacemos en la vida tiene un precio que al final es financiero. No podemos viajar sin dinero a menos que alguien nos cubra los gastos. No podemos casarnos o tener una familia sin dinero. De hecho, ambos hechos son excesiva y financieramente caros.

Trabajamos para ganar dinero y poder vivir con el dinero que ganamos. Estudiamos y hacemos una profesión para ganar dinero y ser exitoso.

Ni siquiera podríamos amar y recibir amor romántico sin invertir dinero para vernos bien, vestir elegantemente, oler a un buen perfume, impresionar con regalos amorosos, y hacer sentir a la persona amada segura. Si somos completamente insolventes tendremos muy pocas propuestas amatorias en la vida.

Todavía más, nos será difícil practicar una religión consistente sin invertir algo de dinero para sostenerla, porque si no lo hacemos, no estaremos nunca en el libro de membresía de nuestra religión. El dinero quizás no sea lo más importante en la vida, pero tenemos que asegurarnos que hay muy pocas cosas más importantes que el dinero en nuestras vidas.

Es bueno que nos liberemos de esa idea y creencia falsa de que el dinero no es lo más importante en la vida. No necesitamos esa creencia, porque ya sabemos lo importante que es para vivir la vida que deseamos y merecemos vivir sobre esta tierra. Y por el contrario, hacemos de la energía del dinero nuestra compañera y amiga de jornada por la vida aceptándola con gratitud

Tenemos que aprender a tratar la energía del dinero con respeto, admiración, valoración, cortesía y bienvenida

La energía del dinero y la felicidad

Aquí hay otra idea y creencia sobre la energía del dinero muy popular: que el dinero no compra la felicidad. Existen muy pocas actividades sobre la tierra de las que hacemos cuando nos sentimos felices que las podemos realizar sin dinero.

Si quisiéramos disfrutar de buena actividad sexual con nuestra pareja, tenemos que invertir algo de dinero para acicalarnos bien y mostrarnos románticamente interesante y atractivo. Si somos felices con el arte, tenemos que invertir en el arte, la música, la pintura, la literatura, la lectura, el cine o cualquier otra forma artística de nuestra preferencia. Si somos felices con el arte culinario, los viajes, los deportes o cualquier otra actividad, tenemos que invertir en ellas para poder disfrutarlas.

Liberémonos de esa idea y creencia sobre la energía del dinero. Ya sabemos que para hacer y disfrutar de las cosas que nos hacen felices tenemos que comprarlas con la energía del dinero.

La energía del dinero probablemente no compra nuestra felicidad, pero la mayoría de las cosas que nos hacen seres felices tenemos que comprarlas con la energía del dinero.

La energía del dinero se atrae, no simplemente llega

Saquemos de nuestras ideas y creencias acerca de la energía del dinero esta otra: que si vamos a tener dinero, el dinero nos llegará sin buscarlo.

Somos responsables de atraer positivamente hacia nosotros la energía del dinero. De la misma manera que somos responsables del manejo de la energía de los pensamientos y de la energía sexual, lo somos con la energía del dinero.

La energía del dinero no se unirá a nosotros por arte de magia. Tenemos que hacer cosas para que ella nos busque y nos siga en la vida. Tenemos el poder de atraerla hacia nosotros y de ahuyentarla de nosotros.

Miremos alrededor de nosotros y observamos quiénes atraen y mantienen la energía del dinero con ellos, y quiénes la ahuyentan de sus vidas. Dediquémonos a estudiar los patrones que la energía del dinero sigue. Porque tenemos que practicar cosas específicas para atraer y mantener la energía del dinero en nuestro favor.

Si utilizamos la energía del dinero sabiamente, ella tiene el poder de llevarnos al paraíso terrenal; si utilizamos la energía del dinero irreverentemente, ella posee el poder para lanzarnos al infierno terrenal directamente.

Algunas ideas y creencias correctas que necesitamos poseer acerca de la energía del dinero

La energía del dinero hay que apreciarla, aceptarla y valorarla sanamente

Las personas que atraen y retienen la energía del dinero en sus vidas la aprecian, aceptan y valoran, y no la tratan como una "cenicienta" y pordiosera digna de lástima y conmiseración.

Esas personas hablan de la energía del dinero con respeto y admiración, tienen sentimientos y conductas hacia ella que indican claramente que están frente a alguien muy importante en sus vidas, honran y admiran su poder, y aprenden y practican sus principios.

Por ejemplo, estas personas cuidan sus créditos como a "las niñas de sus ojos", compran la mayoría de las cosas cotidianas en efectivo, no a crédito, y solamente utilizan sus créditos para incrementarlos mediante inversiones sanas y evaluadas. Si ellas andan con dinero en efectivo en sus carteras, lo mantiene ordenado y limpio.

Estas personas mantienen una relación especial y mutuamente satisfactoria con la energía del dinero, la cual es su amiga especial que nunca traicionan, y que por el contrario, se mantienen leales a ella.

La energía del dinero hay que ahorrarla y no malgastarla

Si vamos a tener una relación saludable con la energía del dinero tenemos que aprender, bien temprano en la vida, a ahorrarla, no a malgastarla.

La forma física de la energía del dinero es el símbolo de intercambio y compra de los países. Tenemos que ahorrar al menos el diez por ciento de todos nuestros ingresos y entradas de dinero físico. Y tenemos que hacerlo de manera sistemática, consistente, y sin excusas.

El principio fundamental de la energía del dinero es ahorrarla

Cuando ahorramos al menos el 10 por ciento de nuestros ingresos, nos pagamos primero a nosotros sin importar de donde vengan. Esta es la primera manera cómo ahorramos la energía del dinero, para asegurarnos que seguirá con nosotros mientras mantengamos este hábito en nuestras vidas.

Luego tenemos que ahorrar para otras metas y objetivos que tengamos: comprar una casa, un vehículo, unas vacaciones, la educación de los hijos. Tenemos que ahorrar para emergencias e imprevistos en la vida, como son perder el empleo y enfermarse.

El principio fundamental de la energía del dinero es ahorrarla, no malgastarla. Lo que malgastamos se acaba y se aleja de nosotros. Lo que ahorramos lo retenemos con nosotros con la posibilidad de aumentarlo y hacerlo crecer.

La energía del dinero hay que invertirla sabiamente

Tenemos que aprender a hacer inversiones seguras y pocas riesgosas de la energía del dinero. La idea de la inversión es aumentar la energía del dinero con mayor rapidez. Las personas que aprenden a invertir la energía del dinero con sabiduría e inteligencia logran alcanzar una relación especial con la energía del dinero.

Y al final, estas personas logran que el dinero trabaje por ellas, no ellas trabajar por el dinero.

Como todas las otras energías, la energía del dinero hay que aprender a usarla, manejarla y disciplinarla con sabiduría e inteligencia.

No nacemos con los conocimientos y destrezas que necesitamos para manejar la energía del dinero con disciplina, sabiduría e inteligencia. Tenemos que aprender esos conocimientos y destrezas, pero estos conocimientos están disponibles para nosotros. Y tenemos que invertir tiempo y recursos para obtener este aprendizaje. Esta es la mejor inversión que podemos hacer en la vida, porque como resultado podremos disfrutar de sus admirables frutos.

La energía del dinero y el crédito

Un componente crucial de la energía del dinero en el mundo de hoy es el crédito. No saber utilizar nuestro crédito apropiadamente es como no saber usar nuestras manos, pies, oídos, boca y nuestros ojos apropiadamente.

Si dañamos nuestro crédito, estamos perjudicando el sesenta por ciento de nuestras oportunidades sobre esta tierra. Un crédito excelente es la puerta que nos abre oportunidades de inversión de la energía del dinero. Y recordemos, que nuestro objetivo final con el uso sabio e inteligente de la energía del dinero, es llegar a un punto en nuestras vidas en el cual nuestro dinero trabaje por nosotros, no nosotros trabajar por el dinero.

Que nuestro dinero trabaje por nosotros, no nosotros trabajar por el dinero.

Tenemos que cuidar y proteger nuestro crédito como a las niñas de nuestros ojos. Y debemos aprender a hacerlo con ahínco, dedicación y pasión. No nacemos con este conocimiento, pero está disponible para nosotros.

Tenemos que aprender a usar la energía del dinero de los que han aprendido manejarla con sabiduría e inteligencia, los cuales podemos distinguir por la vida que viven.

Nuestros mejores maestros para enseñarnos a utilizar la energía del dinero con sabiduría e inteligencia son las personas que ya han aprendido y practican este conocimiento y destreza en sus propias vidas. Estas personas son nuestros mentores, maestros y modelos para aprender de ellas esta destreza invaluable observando cómo viven y se relacionan con la energía del dinero.

Práctica terapéutica

Empezar a evaluar cómo ganamos, ahorramos, gastamos, e invertimos el dinero es un recurso terapéutico por sí mismo.

Podemos empezar el arte de sanar los traumas de la niñez con respecto a la energía del dinero en cualquier momento y fase de nuestras vidas. La energía del dinero posee y se expresa mediante elementos físicos, que son las monedas utilizadas para el comercio de los países.

Existen cuatro verbos importantes que tenemos que conjugar con relación a la energía del dinero representada por las monedas de los países: ganar, ahorrar, gastar, e invertir sabiamente. Las cuatro acciones expresadas por estos verbos pueden medirse objetivamente, cuando medimos cómo ganamos, ahorramos, gastamos e invertimos nuestro dinero.

No es posible estar vivo sin creatividad, porque para los seres humanos, ser creativo y crear es un componente esencial y vital de la vida.

5. La creatividad y la vida

- Durante la niñez, la creatividad y la innovación florecen y llenan la vida de fantasías e imaginaciones exuberantes -

La creatividad es un hecho esencial de la vida. Todos los seres humanos tenemos capacidades creativas, somos creadores y creamos en cada instante del tiempo. Hay algunos seres humanos que aprenden a pulir y a utilizar sus habilidades creativas con destrezas especiales, como los escritores, pintores, actores, junto a todos los seres humanos que hacen de sus vidas actos creativos especiales y dejan importantes legados a la humanidad.

La creatividad es la esencia de la vida

La creatividad, la creación, y los actos creativos son la esencia misma de la vida y del vivir cotidiano de cada ser humano. La vida humana exitosa y feliz está conectada a la creatividad, la solución de problemas, a vivir relaciones humanas exitosas, y a envejecer y dejar esta forma de vida con altos grados de felicidad y satisfacciones. La creatividad está llamada a empezar con nosotros en la niñez y acompañarnos hasta la tumba.

La creatividad beneficia la vida

Desarrollar nuestras capacidades y habilidades creativas reporta grandes beneficios, no solo al individuo, sino también a las parejas, los matrimonios, las organizaciones, las instituciones, las sociedades y a la humanidad en general. Todos los grandes avances beneficiosos para la humanidad los han iniciado y realizado seres humanos creadores. Es decir, seres humanos que han usado la creatividad y sus actos creativos para vencer obstáculos y limitaciones, y crear formas novedosas e innovadoras de resolver situaciones conflictivas.

Las facultades de la creatividad las poseemos todos en diferentes grados

Las facultades de la creatividad, la creación y el crear, no son los patrimonios de unos pocos seres humanos "privilegiados" con talentos especiales. Soy psicólogo de profesión, y sé que existen seres humanos dotados de habilidades especiales, como los "genios" y su alto coeficiente intelectual.

Pero uno de mis argumentos y paradigmas en este libro es que la creación y la creatividad son realidades de la vida, y que están conectadas al hecho de vivir vidas exitosas, felices y satisfactorias.

Cuando observamos a los seres humanos como tales, la única diferencia fundamental se refleja en el aspecto de la creatividad. Unos utilizan su poder creativo inherente a la vida para crear y vivir vidas felices, exitosas y satisfactorias que se acomoden a las vidas de sus sueños. Otros viven sus vidas al azar siguiendo modelos y mentores que viven sus vidas "al revés". Estos últimos siempre tienen excusas para ser "víctimas" de la vida, mientras que los primeros, "toman el toro por los cuernos", y no permiten que nadie ni nada controle el "trono de sus vidas" sin su consentimiento.

Todos los seres humanos que practican la creatividad en sus vidas personales descubren que sus vidas son bellas y dignas de vivirlas a plenitud. Y eso es exactamente lo que hacen esas personas con su vivir cotidiano, incluyendo el hecho de tomar tiempo para sanar sus traumas de la niñez.

Práctica terapéutica

Podemos reflexionar en las cosas significativas que hemos creado o que estamos creando ahora.

¿Hemos creado una profesión, una familia, una empresa, una marca distintiva, una obra de arte, un libro, un vídeo, una casa, una carrera profesional, una obra teatral, una película…?

El activo o recurso principal que poseemos para sanar los traumas de la niñez es utilizar proactivamente nuestros poderes creativos creando bienestar para nosotros y para la humanidad.

¿Qué estás creando en este momento que aumenta tu felicidad y te hace sentir orgulloso de ti mismo?

La niñez se experimenta como un mundo imaginario y fantasioso. Este mundo es el espacio donde se sanan todos los traumas que se adquieren durante esas fases del desarrollo humano. Los adultos que borran este mundo completamente se tornan seres humanos infelices y desdichados. La imaginación es el ingrediente primario de la felicidad, porque ella permite poseer pensamientos felices.

6. La imaginación y la vida: Si lo podemos imaginar, lo podemos crear

Viví en Nueva York por muchos años, y un día venia de mi oficina en el tren de la ciudad de Nueva York. De repente, mis ojos se fijaron en un anuncio publicitario apostado frente a mí. El anuncio decía lo siguiente: **"Cree en lo imposible. Luego, ve y hazlo"**. (Believe the impossible. Then go and do it). Este anuncio era la publicidad de una maestría en administración de servicios sociales impartida por una prestigiosa universidad privada de Nueva York.

Escribí el número de teléfono y la página de internet del anuncio, y al llegar a casa, visité la página de la universidad, y hablé con alguien en el departamento de registro para que me informara cómo inscribirse en esa maestría. Un año y medio más tarde me gradué Suma Cum Laude con mi maestría de esa misma universidad.

Si lo puedo imaginar, lo puedo crear

Yo soy un fervoroso creyente de que, si lo puedo imaginar, lo puedo crear.

Solamente necesito aprender a tener pensamientos de calidad, positivos, proactivos y conscientes. Cada pensamiento que poseo le da vida a algo que es parte natural de esos pensamientos.

Nuestras auto conversaciones o voces interiores

Ahora sabemos que los seres humanos tenemos unos 60,000 pensamientos por día, la mayoría de ellos repetidos y sin ninguna dirección positiva. Y que además, unos 50,000 pensamientos de los que pensamos cada día son auto-conversaciones o voces internas hablándonos a nosotros mismos. Más aún, pensamos de manera automática, inconscientemente, creando con nuestros pensamientos todas clases de cosas que no deseamos tener en nuestras vidas.

El poder mental creador que poseemos

Los seres humanos comunes utilizamos un porcentaje muy bajo de nuestro poder mental creador para crear cosas que realmente deseamos. El resto de nuestro poder mental creador se malgasta y se pierde, creando cosas que no son significativas para nosotros.

Si lo podemos imaginar, lo podemos crear

Es tiempo de que aprendamos que si lo podemos imaginar, lo podemos crear. **Podemos creer lo imposible, y luego, podemos dedicarnos a crear eso mismo en nuestras vidas.** Eso es exactamente lo que hacen los seres humanos que crean sus vidas, y en sus vidas, solamente lo que ellos desean y merecen tener en ellas.

Somos literalmente lo que pensamos acerca de nosotros mismos, la vida y los demás

Podemos decidir no desperdiciar el mayor poder que poseemos, nuestro poder mental representado en los poderes creadores de los pensamientos. Cada uno de nuestros pensamientos crea algo, no importa si hacemos esa creación consciente o inconscientemente.

Podemos entrenar nuestros pensamientos creadores

Podemos y debemos aprender a utilizar los poderes creadores de los pensamientos para nuestro beneficio. Y lo podemos hacer de manera consciente y consistentemente. De la misma forma que lo hace un pintor con su lienzo, un escritor con las palabras, un escultor con la madera, un alfarero con el barro, un arquitecto con su diseño, nosotros podemos aprender a entrenar nuestros pensamientos.

No necesitamos vivir nuestras vidas "al revés", para descubrir luego que hemos creado cosas en ellas que no deseábamos. Somos los creadores de nuestras propias vidas, y las creamos con cada instante, en cada ahora, en cada momento que pensamos.

Cada vez que pensamos creamos algo tangible

Podemos decidir lo que deseamos crear de forma consciente y consistentemente. Nosotros poseemos ese poder en nuestros pensamientos, y nadie ni nada puede penetrar y controlar nuestros pensamientos sin nuestro permiso.

El arte de sanar los traumas de la niñez empieza con la utilización consciente de este poder que poseemos. Al principio de este proceso necesitamos la colaboración de profesionales que nos ayuden a salir del hoyo emocional y de las telarañas mentales que poseemos.

Pero el poder para sanarnos reside dentro de nosotros representado en el poder mental que poseemos.

Práctica terapéutica

Para aprovechar positivamente nuestro poder mental tenemos que dedicarnos a incrementar los grados de nuestra autoestima.

Una autoestima baja y pobre no permite utilizar el potencial mental que cada ser humano posee.

Una autoestima alta y estable permite elevar la calidad y el nivel del potencial mental inherente en cada ser humano.

La esencia del arte de sanar los traumas de la niñez se basa en esta premisa: si lo podemos imaginar, lo podemos crear.

La práctica diaria de la gratitud es un antídoto en contra de los síntomas de la depresión.

7. La ley de la gratitud: Cómo vivir nuestras vidas en el ahora

Ahora sabemos que el universo de donde vinimos y al cual pertenecemos se mueve constantemente sin las marcas del tiempo que los humanos hemos inventado. Y que todos los movimientos de cualquier partícula del universo nos afectan a todos los que formamos partes de este universo infinito que se mueve constantemente y posee recursos ilimitados.

El ahora eterno

El universo no conoce limitaciones y se mueve constantemente en favor de la vida. La física cuántica nos enseña que lo único que rige y dirige los movimientos del universo es el ahora, lo que ocurre en el presente inmediato. Todas las respuestas del universo se producen en el único "tiempo" conocido por la macro y micro realidades del universo: El ahora eterno.

Esa realidad inviolable, el ahora eterno, es una de las razones por las cuales no hay desperdicios ni casualidades en las respuestas del universo. Todo lo que ocurre, tangible o intangible, tiene propósitos en y para el universo infinito que permea e influye todas las formas de vida.

Primero, todo lo que ocurre en el universo, que incluye todo lo que nos ocurre a los humanos, contiene un propósito en el marco de un universo que se rige por el orden, no por el caos. No existen desperdicios ni casualidades en las respuestas y movimientos del universo.

Segundo, como el universo siempre trabaja en nuestro favor y para nuestro beneficio, todos sus movimientos son respuestas a nuestras peticiones, oraciones, meditaciones, reflexiones, pensamientos, auto-conversaciones, creencias, acciones, etc. Todo lo que ocurre en el universo se dirige a satisfacer necesidades creadas por alguien o algo que es parte esencial del universo.

Nosotros somos responsables de todo lo que somos y recibimos del universo

Los seres humanos, o nos movemos en balance, armonía y sincronía con el orden y las riquezas infinitas del universo, siempre en nuestro favor y beneficio en el ahora eterno, o ejercemos nuestra libre voluntad para elegir vivir en desbalance y desarmonía con las leyes y los principios del universo.

Nosotros siempre elegimos cómo deseamos vivir nuestras vidas, por lo general, guidados por nuestra falta de consciencia, luz y entendimiento espiritual. Y todas las respuestas y decisiones de la vida dentro del universo infinito tienen consecuencias, unas positivas y satisfactorias, y otras negativas e insatisfactorias. Pero estas dos formas de respuestas del universo contienen propósitos y lecciones específicas que debemos aprender.

La ley de la gratitud

La ley de la gratitud nos invita a vivir en el ahora del universo.

Cuando vivimos conscientes de la ley de la gratitud en nuestro diario andar, vivimos en consonancia con la vida, con todas formas de vida. Además, Vivimos en armonía y sincronía con la naturaleza, conscientes de que ella nos dio y nos sostiene en la vida.

La ley de la gratitud nos impulsa a vivir en armonía y sincronía con todo lo que somos como seres humanos individuales y socio-culturales, empezando con nuestros procesos mentales, nuestras creencias, nuestros afectos y nuestras acciones o conductas.

La ley de la gratitud es una magia poderosa

La ley de la gratitud nos permite aceptar y apreciar todo lo que hemos sido, lo que somos ahora, y hacia dónde nos dirigimos en el ahora eterno del universo.

Lo que somos es simplemente lo que somos, guiados siempre con una dirección positiva.

La ley de la gratitud es una magia poderosa, que nos enseña a amarnos incondicionalmente, y a vivir nuestra existencia en el ahora eterno.

La ley de la gratitud nos ayuda mantenernos conectados con las cosas que más nos importan, y con los valores que más añoramos y apreciamos. Cuando estamos guiados por la ley de la gratitud, no damos por sentada la vida, y mucho menos nuestras vidas. Aprendemos a valorar y aceptar todas las formas de vida, desde lo más pequeño hasta lo más complejo que nos sucede, porque percibimos los hechos que nos ocurren como actos colaborativos de creación con el universo infinito.

El universo es perfecto

El universo es perfecto y sin desperdicio. La ley de la gratitud nos permite vivir como componentes intrínsecos de este universo, y en perfecta armonía y sincronía con sus propósitos y beneficios para nosotros. Los resultados y las consecuencias saludables de la ley de la gratitud nos permiten vivir una vida más saludable, porque nos movemos en el ahora eterno del universo. Siempre agradecidos de la vida, y conscientes de vivir la mejor vida que podemos y merecemos vivir. La ley de la gratitud nos permite descubrir o recordar que nuestra vida es bella, digna, invaluable, amorosa y tierna. Y que cada momento del ahora en que la vivimos nos pertenece a nosotros, y está allí para que lo disfrutemos al máximo como si fuera el único y el último.

Práctica terapéutica

¿Estoy respirando en este momento, ahora mismo?

Los seres humanos respiramos entre 20,000 y 22,000 veces por día

La práctica de la ley de la gratitud es un recurso poderoso en el proceso de implementar el arte de sanar los traumas de la niñez. Podemos empezar esta práctica con hechos, situaciones y circunstancias simples que nos acompañan diariamente.

¿Amanecí despierta hoy? ¿Estoy respirando por mis propios medios y sin ayuda mecánica? Los seres humanos respiramos entre 20,000 y 22,000 veces por día sin estar conscientes de que lo hacemos. ¿Puedo utilizar mis cinco sentidos físicos para disfrutar de la vida? ¿Que puedo ver, oler, palpar, oír, y saborear ahora mismo?

La práctica de la ley de la gratitud nos enseña a ver el "el vaso de la vida medio llena", en lugar "medio vacío", y solo ese hecho posee poderes sanadores en el arte de sanar los traumas de la niñez.

Apreciar la libertad es apreciar la vida, porque vivir sin libertad no es realmente vivir.

Héctor Williams Zorrilla

8. ¡La ley de la libertad: Cómo vivir nuestra vida de acuerdo a nuestra verdad!

Los infantes se perciben con libertad absoluta

La experiencia fenomenológica y sicosociológica de la libertad es una de las más apreciadas por los seres humanos. Nacemos espiritualmente libres para vivir en libertad. Los niños y las niñas, durante la infancia, se perciben sin barreras en las maneras cómo experimentan sus realidades tangibles e intangibles. En los primeros años de la niñez, ellos ni siquiera hacen diferencia entre las realidades físicas que los rodean y sus cuerpos. Y se perciben fusionados a todas sus realidades tangibles de manera intrínseca, como una mesa, una silla, o una pared, y necesitan de cuidado para no lastimarse con esos objetos.

El apego y la libertad

Los sentidos de apego y de libertad transitan de las manos en el proceso del desarrollo humano. En la primera fase de la niñez hay apego natural a los progenitores o a quienes nos cuidan y crían. Pero los niños expresan su sentido de libertad e independencia de diversas maneras aún en estas primeras fases del desarrollo. En esta fase de la vida, el apego excesivo es positivo para la conservación de la existencia misma. Pero el estudio de la infancia parece indicar que los humanos nacemos con el sentido de la libertad existencial o componente del YO. Más tarde en la vida desarrollamos el sentido fenomenológico, psicosociológico y socio-cultural de la libertad. Este sentido se expande en los humanos cuando podemos responder a las siguientes preguntas: ¿qué es la libertad? ¿Qué significa ser libre?

¿Cómo expresar socio-culturalmente que lo es ser una persona libre? ¿Libre de qué y para qué?

La experiencia fenomenológica de la libertad posee contenidos espirituales, emocionales, psicológicos, intelectuales y románticos

Somos libres cuando podemos elegir y expresar nuestra esencia e identidad espiritual sin que nada ni nadie trate de imponer sus creencias y valores espirituales. Somos libres cuando disponemos de una salud emocional que satisface nuestros criterios de bienestar y felicidad. Somos libres cuando disfrutamos de grados satisfactorios de salud sicológica, sin preocuparnos de lo que diga el DSM-V (el libro que contiene todas las diagnosis psiquiátricas, que los siquiatras, sicólogos, trabajadores sociales y de la salud asignan a las personas después de evaluarlas psicológicamente).

La libertad y la acomodación

Somos libres cuando podemos hacer buen uso de nuestro coeficiente intelectual para cumplir con la primera tarea que nos asignan nuestros "contratos sagrados" sobre esta tierra y en el universo: **ACOMODARNOS**.

Solamente podemos ser realmente libres, cuando cumplimos la misión y el propósito primario de acomodarnos, para luego servir desde nuestros acomodamientos personales y societarios. Somos libres cuando podemos realizar nuestro sentido romántico de libertad de elección, no solo de pareja erótica, sino también, muestra libertad del uso y disfrute del dinero, de los pensamientos e ideas, de la expresión de nuestra sexualidad, etc.

La libertad sociocultural es más compleja

La libertad psicosociológica nos permite acomodarnos en los espacios sociales donde nuestras percepciones psicológicas se sienten cómodas y realizadas. Y esto incluye los espacios políticos que nos permiten expresar nuestros "YOES", nuestro "Selves", y nuestras identidades reales, sin las imposiciones de ideas y paradigmas políticos de otros.

Podríamos llegar a ser capaces de encontrar, desarrollar y de vivir nuestros propios paradigmas políticos, sin la intervención de "intelectuales maestros" que se adueñan de nuestras ideas políticas dentro de la sociedad donde decidimos vivir la vida.

La libertad socio-cultural implica además el sistema económico, la distribución de las riquezas y las pobrezas, los idiomas, los sistemas educativos, y todos los paradigmas que definen una "cultura autóctona" en las sociedades donde participamos con la vida. Ni siquiera la llamada "mayoría sociológica" tiene la autoridad de imponer sus paradigmas políticos. Cuando eso sucede, y lo aceptamos, y nos acomodamos a eso, ya no somos entidades humanas realmente libres. La acomodación forzada e impuesta con las armas u otros poderes, incluyendo el dominio del Estado, es un arrebato y manipulación de nuestra libertad sociológica. Esta realidad forzada es un acto de deshumanización, y solamente cuando regresa nuestra libertad sociológica, volvemos a ser plenamente humanos y humanizados, como lo plantea Paulo Freire en su "Pedagogía del Oprimido".

Solo siendo y expresando libremente nuestra libertad somos plenamente humanos y humanizados mediante el ejercicio libre de nuestra libertad.

Héctor Williams Zorrilla

La verdad libera y hace libre

La verdadera libertad está basada en la verdad. Ya lo dijo el Señor Jesucristo en los Evangelios: "Conoceréis la verdad, y la verdad os hará libres". La verdad libera y hace libre. Pero, ¿cuál es la verdad que nos hace libres? ¿La verdad política, o la religiosa, o la psicosociológica, o la filosófica, o la educativa, o la científica, o la tecnológica, o la cultural? ¿Cuál es la verdad que nos hace libres?

Se han escrito millones de libros, y se siguen escribiendo millones más intentando responder a estas preguntas. Este no es el libro para responder estas preguntas. Aquí solamente planteamos que la verdad libera y contiene la esencia de la libertad. Y además, que nadie ni nada fuera de nosotros mismos posee la verdad. La verdad la tenemos dentro de nosotros, en el centro de nuestra intimidad existencial, en el eje de nuestra identidad, en la matriz intrínseca de nuestra esencia vital, que es la expresión de quiénes somos como seres humanos libres y auténticos. Nadie puede regalarnos, ni prestarnos, ni vendernos la verdad. Quien intente hacerlo, nos está regalando o prestando o vendiendo su propio verdad, no la nuestra.

Todas las verdades de otros, en los momentos de la verdad, nos "quedan chiquitas" o se nos ponen "viejas sobre nuestros cuerpos". Nacimos con nuestra verdad, y ella nos acompañará hasta la tumba, para seguir con nosotros hacia otras formas de vida, después que ésta temporal y transitoria termine.

Práctica terapéutica

Nuestra verdad posee un poder intrínseco y vital

Nuestra verdad es poderosa y liberadora, pero primero tenemos que descubrirla dentro, sacarla hacia afuera, y empezar a utilizarla para nuestro bienestar psicoemocional.

Podemos comenzar este proceso haciéndonos preguntas como:

¿Quién soy yo realmente? ¿Qué deseo hacer con mi vida? ¿Qué me apasiona hacer que es positivo, creativo y productivo? ¿A dónde me veo en diez años y haciendo qué?

Como ejercicio, podemos responder estas preguntas en nuestro diario. El arte de sanar los traumas de la niñez transita por estos senderos de la vida.

El amor es la energía vital y esencial de la vida que no solamente la origina y la crea, sino, que también la apoya, sostiene y refuerza.

9. ¡La ley del Amor: Cómo vivir nuestras vidas de acuerdo a lo único que perdura!

El amor es lo único perdurable

El Amor verdadero, el incondicional, el Amor que está despojado de la publicidad y propaganda mercantil, es lo único que perdura en el tiempo y en el espacio. Todo lo demás que hagamos, digamos, pensemos y sintamos en nuestros tránsitos peregrinos sobre esta tierra se refugiará en las "cenizas del olvido", excepto lo que hagamos o digamos basado en el amor.

Trasladamos nuestra imaginación al día de nuestra fecundación

Trasladamos nuestra imaginación con poderes sin límites al día de nuestra fecundación. Ese día, nuestros padres biológicos tuvieron actividad sexual, si fuimos concebidos de manera natural. El óvulo que nuestra madre había madurado ese mes estaba listo para ser fecundado en las trompas de Falopio. De una de las gotas de semen de nuestro padre que contenía millones de espermas, uno solo alcanzó ese óvulo, lo fecundó, y de ese acto milagroso salimos nosotros, incluyendo quien lee este libro. Nosotros somos un milagro desde ese corto momento en que fuimos concebidos, y todos los actos milagrosos son actos de Amor.

A lo mejor nosotros, como millones de seres humanos, fuimos concebidos en un instante "de pasión sexual alocada" de nuestros progenitores sin ninguna planificación y propósito para nuestra llegada a la tierra.

Un poco más fuerte todavía: si fuimos concebidos en un acto de violación sexual traumática, aún así, somos un milagro biológico.

Pero si ese ha sido el caso de nuestra concepción, tenemos que asegurarnos recibir ayuda y tratamiento para sanar cualquier trauma creado por esta violencia, y entonces, poder transitar por los caminos de la sanidad y el amor. Todas las historias de nuestras vidas son nuestras, y nos pertenecen a nosotros, incluyendo las historias de nuestra fecundación. Tenemos que honrar y darle la bienvenida a estas historias, aún aquellas historias que no entendemos cabalmente. Nuestra concepción es un acto milagroso y con propósito, sin que importe que nuestros progenitores no entendieran la procreación sexual como un acto milagroso, la cual lo es sin duda.

Si fuimos concebidos, somos un milagro biológico del amor

Este es el punto central de este tema: si fuimos concebidos y estamos vivos, somos un milagro del Amor. Solamente el Amor es capaz de crear, producir y mantener la vida. El Amor, como energía generativa, lo único que sabe y puede generar es vida, propósito, dirección positiva. El Amor no tiene antítesis, aunque en nuestra ignorancia de su ley vital lo comparamos con el miedo, que no es más que una ilusión sin ningún poder generativo creado por nuestras fantasías ilusorias.

Cuando entramos por las puertas del amor

Cuando entramos por las puertas del Amor y vivimos en sus palacios, nuestras vidas tienen y expresan todo el sentido y significado que merece tener. Y estamos seguros y confiados en la belleza inmarcesible de la vida. En esos lugares, en los palacios del Amor, no existen las casualidades ni los desperdicios, porque como el universo, todos los actos milagrosos que ocurren allí son perfectos e infinitos.

Los palacios del amor

Quiero aclarar que los palacios del Amor de los que escribo no son los que se venden en las películas, la televisión, la música, el cine, las redes sociales, las revistas, algunos libros, ni en las propagandas mercantiles de la mercadotecnia moderna. Tampoco me estoy refiriendo al amor propagado por las religiones, no importa cuáles son sus símbolos o nombres, que han secuestrado el tema del amor y lo han transformado en una "palabra hueca y sin sentido práctico", para beneficiar a una porción muy pequeña de los más de ocho billones de humanos que pueblan el globo terráqueo en época en que escribo este libro.

Me estoy refiriendo al Amor esencialmente espiritual o ágape, con el cual nacemos como niños y niñas inocentes, llenos de imaginación, creatividad y fantasías, que llevó al Maestro Jesucristo a proclamar que, el que "no se tornara como un niño no entraría en el Reino de Dios". Todos nacemos y llevamos dentro, muy íntimamente dentro, este Amor incondicional que solamente necesita nuestra disposición, voluntad y práctica para crecer y florecer. El amor es un componente existencial de la "tabula rasa" con que los seres humanos nacemos.

Las puertas del amor

En este mismo escrito más arriba me referí a las puertas del Amor. Solo voy a mencionar cuatro de esas puertas que me resultan interesantes.

La primera puerta del Amor es la puerta del corazón. Estoy usando el término corazón como lo utilicé en mi libro "La psicología del amor", para referirme a la "esencia vital de la vida", de donde nace y crece la identidad intrínseca de todo ser humano. Todo amor verdadero tiene que entrar por la puerta del corazón, porque allí nace, y desde ahí expande sus poderes creativos.

La segunda puerta del Amor es la puerta del cerebro, la mente o del pensamiento. Las neurociencias nos enseñan ahora que el amor es una producción de las conexiones neuronales del cerebro humano. Todo Amor verdadero se expresa en pensamientos positivos, optimistas y generadores de más vida, en oposición al sadismo y masoquismo del falso amor.

La tercera puerta del Amorl es la puerta del cuerpo. Todo Amor verdadero se comunica con actos visibles, tangibles y que pueden disfrutarse usando los sentidos perceptivos de los cuerpos.

La cuarta puerta del amor verdadero es la puerta de la sexualidad. Nos venden la sexualidad como un acto "meramente carnal o del cuerpo físico", expresado como "instinto animal" indisciplinado. Este tema lo expliqué claramente en el libro que escribí con Jenifer M. Vanderhorst como coautora, "Sexo es lo que somos, no lo que hacemos". Las actividades sexuales, incluyendo la fase del orgasmo sexual, son experiencias esencialmente espirituales que se manifiestan en los cuerpos, pero que al mismo tiempo se comunican y expresan como experiencias subjetivas o espirituales.

Yo soy sexólogo, y he escrito y publicado varios libros sobre el tema, y sé que la sexualidad contiene componentes fisiológicos representados por las cuatro respuestas sexuales humanas descritas por Masters y Johnson: excitación, meseta, orgasmo, y resolución. Pero yo participo de la idea de que los actos sexuales humanos no son solo actos físicos, sino que, especialmente la fase del orgasmo, donde el hombre pierde la noción del tiempo y del espacio por 0.5 segundos, y la mujer por 0.16 mientras duran sus orgasmos sexuales, posee componentes espirituales.

Existen otras formas de orgasmos

Pero además, hay otras formas de orgasmos mucho más placenteros y satisfactorios que los orgasmos sexuales, como son los orgasmos estéticos producidos por la belleza y asimilados por los sentidos. La manifestación de la pasión ejecutando las cosas que realmente nos gustan produce orgasmos de todas formas y tipos. Espero que algunos lectores estén disfrutando de un orgasmo estético al leer este libro, si la lectura es parte de su pasión.

Cuando entramos por las puertas del Amor podemos tener y disfrutar de todas las experiencias de sus palacios infinitos. Y cuando vivimos en la ley del Amor estamos disfrutando de lo único que perdura y que posee el poder de llevarnos a otras formas de vida, incluso, al dejar esta vida física transitoria que toma otras formas constantemente.

Práctica terapéutica

El amor posee poderes sanadores

Podemos examinar nuestras diversas relaciones de amor empezando con el materno. Si fuimos abandonados por nuestras madres biológicas al nacer, podríamos reflexionar en el tiempo que estuvimos en sus vientres donde fuimos acogidos hasta el nacimiento.

¿Nos sentimos seres queridos y amados desde la fecundación y el nacimiento? ¿Cuáles emociones sentimos al pensar en ambos: nuestra fecundación y nuestro nacimiento? ¿Sentimos enojo, ira, rabia? ¿Podemos procesar estos sentimientos con nosotros mismos, o con alguien confiado y seguro, preferiblemente un profesional? ¿Sentimos amor, cariño, felicidad al pensar en nuestra fecundación y nacimiento? ¿Nuestros padres biológicos están vivos aún? ¿Podemos preguntarles cosas que nos gustaría saber sobre nuestra concepción y nacimiento, por ejemplo, si fuimos deseados o nacimos por "accidentes"?

Para millones de personas, el arte de sanar los traumas de la niñez transita por senderos de honrar su fecundación y su nacimiento.

- Las emociones de resentimiento son cargas pesadas sobre los hombros que impiden que las personas lleguen con prontitud a sus lugares de destino en la vida.

- El resentimiento es como beberse un veneno y esperar que el veneno mate a un enemigo.

10. ¡La ley del perdón: Cómo transitar nuestra jornada de la vida liviano!

Los regalos de soltar las cargas muy pesadas

Si no hemos aprendido a perdonarnos y perdonar a todos en nuestro pasado, estamos cargando una carga demasiada pesada para nuestros hombros. Es como si intentáramos cargar con 500 libras, cuando solamente podemos cargar con 100. Al tratar de hacer esto, nuestros cuerpos se desploman y revientan.

El autoperdón y el autoamor

Uno de los mejores regalos que podemos hacernos a nosotros mismos es auto perdonarnos, porque el autoperdón nos abre las puertas para el autoamor. Sin autoperdón no podemos aprender a amarnos incondicionalmente, porque nuestras vidas estarán llenas de amarguras y resentimientos hacia nosotros mismos.

Además, si tenemos niveles bajos de autoperdón, estamos enviando este mensaje claro a todos los que están cerca de nosotros y que nos aman: que somos demasiado exigente con nosotros mismos, nos ponemos auto-demandas en extremo, somos perfeccionistas, y que no podemos equivocarnos y cometer errores humanos porque somos casi dioses perfectos.

Cuando estamos enviando estos tipos de mensajes, en el fondo lo que tenemos que aprender es a amarnos. Pero las puertas del autoamor solo podemos abrirlas a través del autoperdón. El autoperdón nos permite despegarnos un poco y vivir más en el ahora de la vida. Y entonces, podemos transitar nuestra jornada de la vida más tranquilos, serenos, relajados y con grados más bajos de paranoia. Cuando entramos por las puertas del autoperdón aprendemos que el universo está a nuestro favor, no en nuestra contra. Y que todas las cosas que nos ocurren en la jornada por la vida tienen propósitos específicos: enseñarnos lecciones importantes para vivir una vida más plena y satisfecha.

Las puertas del amor nos muestran a nuestros maestros

Ya en las puertas del autoamor, todo es posible para nosotros. El autoamor nos hace seres plenamente humanos y felices. Cuando poseemos autoamor, sus frutos y resultados nos brotan con los poros: respiramos y transpiramos autoamor, hablamos, pensamos, sentimos, y expresamos autoamor en todas nuestras relaciones. Si nos auto amamos, todos los que están cerca de nosotros lo saben y nos admiran por ello. Porque somos seres asertivos, pero al mismo tiempo tiernos y comprensivos, y poseemos y expresamos niveles altos y saludables de autoestima, autovalor, autoconcepto de sí mismos y una autoimagen saludable y contagiante.

Cuando estamos preparados, "el maestro llega cuando el alumno está preparado", entonces podemos perdonar a todos en nuestro pasado, incluyendo aquellas personas que nos han hecho daño.

Perdonamos a las personas sin minimizar sus faltas

No perdonamos y minimizamos el daño y el mal que estas personas nos han hecho, ellas cosecharán los frutos y los resultados de sus propias obras. ni tampoco tenemos que asociarnos y vivir con ellas a menos que sea esa nuestra decisión.

Al perdonar nos liberamos de resentimientos pesados

Nosotros decidimos perdonar a las personas que nos dañaron y dejarlas libres, para que ellas encuentren sus propios caminos en la jornada por la vida sin estar aprisionadas por nosotros. Nuestros resentimientos mantienen prisioneras a las personas de quienes estamos resentidas.

Pero esta realidad contiene una paradoja: mientras más personas mantengamos prisioneras por nuestra falta de perdón, más prisioneros estamos nosotros. Mientras más personas liberemos con nuestro autoperdón, más libres seremos.

Esta es la ley universal del perdón: liberando a los demás nos liberamos a nosotros mismos. Nos envenenamos e intoxicamos con la falta de perdón, nos desintoxicamos y sanamos por medio del perdón. Después de la ley del amor, la ley del perdón es una de las fuerzas sanadoras más poderosa que poseemos a nuestro favor y beneficio.

Debemos llegar a un punto de crecimiento espiritual en la vida que el tema del perdón no sea necesario. Cuando estamos caminando en el camino del "perfecto amor" no necesitamos el tema del perdón. Porque ya estamos volando alto en las alturas espirituales como personas que han descubierto su origen divino, y vivimos primariamente como seres espirituales, no físicos. Por ahora, entramos por las puertas del autoperdón para descubrir y disfrutar de placeres inagotables e inefables en nuestro diario vivir.

Práctica terapéutica

Soltar y dejar ir las cargas muy pesadas

En el arte de sanar los traumas de la niñez existen eventos que resultan difíciles de extenderles las manos del perdón. El siguiente principio del perdón nos ayuda y facilita emprender este difícil pero necesario camino de soltar y dejar ir.

En los actos de perdón, los mayores beneficiados somos los que ofrecemos el perdón, no quienes lo reciben. Además, no tenemos ninguna garantía de que al ofrecer y brindar perdón a alguien, aunque nosotros seamos "las víctimas", ese perdón será recibido, aceptado y honrado por la otra persona.

Si nos han abandonado con malicia y engaño, mentido y maltratado mental, emocional y físicamente, no será fácil dejar ir las emociones que estos actos contra nosotros provocan, como pueden ser las emociones poderosas del enojo, la ira, la rabia, el rencor y el resentimiento.

Será un proceso, en ocasiones largo, dejar ir y soltar estas cargas emocionales pesadas que a lo mejor hemos llevado por mucho tiempo.

El arte de sanar los traumas de la niñez transita los senderos escabrosos del perdón, y por lo general, necesitamos de colaboración profesional para sortear estos menesteres emocionales con poderes puntuales.

A los palacios del amor romántico se entra por las puertas del enamoramiento. Para los humanos, al enamorarse comprueban que las sensaciones y las percepciones de la felicidad las crean en sus cerebros, y que es posible experimentarla en las relaciones humanas.

Capítulo 4.

Las hormonas de la felicidad y el arte de sanar los traumas de la niñez.

Una corta historia. Rosa

Rosa era la muchacha más hermosa y bella de su vecindad. La mayoría de los hombres la miraban con "ojos eróticos" cuando ella caminaba frente a ellos. Era alta, con un cuerpo estéticamente diseñado y bien cuidado, cabello largo, unas piernas de bailarina de ballet, y un caminar cadencioso y rítmico parecido al sonido armónico de una orquesta bien afinada y dirigida.

Cuando los hombres la cortejaban y algunos se arrodillaban pidiéndole matrimonio, Rosa sonreía y solamente decía "gracias por sus atenciones". A sus 19 años de edad, Rosa estaba enfocada en llegar a ser psicóloga y escritora, no en amores, y mucho menos en matrimonio.

Una noche, Rosa regresaba de la universidad como lo había hecho por dos años. Su rutina consistía en salir de la casa a las 11:00 de la mañana para cumplir su horario en el restaurante donde trabajaba como mesera. Al terminar su jornada de trabajo, Rosa se dirigía a la universidad a tomar clases de psicología y regresaba a su casa a las 11:00 de la noche. Su madre la esperaba despierta cada noche para asegurarse que su hija entrara a la casa "sana y salva".

Una noche cuando Rosa dejó el bus de transporte público y empezó a caminar las tres cuadras de distancia hacia su casa, notó que un hombre joven la seguía de cerca. Ella aceleró los pasos, pero el joven también lo hizo.

A dos cuadras de su casa había un espacio poco poblado y con árboles frondosos que opacaban la iluminación de la calle.

Precisamente allí el joven se apresuró, agarró a Rosa fuerte por detrás, le tapó la boca con su mano derecha, y la llevó al árbol que extendía sus ramas hacia el suelo.

Rosa estaba atónita, temblorosa, quería gritar, pero la voz no le salía de la garganta.

El joven acostó a Rosa boca arriba con suavidad y ternura, ella no ponía resistencia, porque un perfume conocido se asomaba a su olfato. A través de las ramas del árbol frondoso, un rayo de la luna llena iluminaba a ambos rostros.

"Rosa" verbaliza el joven.

Ella reconoció esa voz, y todo su cuerpo tembló, esta vez no de miedo, sino, porque aflora en ella un profundo secreto que guardó por dos años.

Desde el primer día de clases en la universidad en la asignatura de introducción a la psicología, los ojos de Rosa y ese joven, cuyo nombre era Manuel, se cruzaron. Para ella, fue su primer "flechazo de cupido", pero lo mantuvo en secreto con hidalguía aunque por dos años tomaban las mismas clases de psicología. Manuel era amable con ella, pero nunca le dio indicaciones de que deseaba una amistad romántica.

Manuel, por otro lado, sin que ella lo supiera, por dos años la había protegido por las noches en ese trayecto hacia su casa al regresar de la universidad. Desde lejos y sin ser notado, él se aseguraba que ella regresara sana y salva a su casa. Ese día Manuel había decidido confesarle su amor oculto a Rosa.

"Manuel" dijo Rosa, cuando fue capaz de que las palabras salieran de sus labios.

"Te amo, Rosa" expresó Manuel observando su rostro hermoso iluminado por la luz de la luna.

"Yo también te amo, Manuel" verbaliza Rosa con su voz tierna y romántica.

Tres años después, Rosa y Manuel se casaron repletos de amor y de metas profesionales.

El arte de sanar los traumas de la niñez

La práctica del amor romántico, empezando por enamorarse, es una de las áreas humanas más influyentes en el arte de sanar los traumas de la niñez. En las culturas románticas, enamorarse es una de las experiencias más íntimas y profundas que sacude la personalidad de los que se enamoran.

La emoción del enamoramiento es fuerte e intensa que siempre está mezclada y conectada con su otro componente vital, la atracción erótica o sexual de los enamorados.

Al enamorarse, todos los rasgos de la personalidad de los enamorados se vinculan e involucran. El arte de sanar los traumas de la niñez cobra importancia preponderante durante este proceso.

Las personas sanas psicoemocionalmente se enamoran saludablemente, y al hacerlo ambos aumentan los valores de sus YOES.

Hechos terapéuticos importantes

Rosa y Manuel aparentan ser dos personas saludables psicológicamente. Los proyectos de sus vidas transitan sin mayores contratiempos ni contradicciones, mientras ellos priorizan los aspectos importantes de sus vidas en el lugar y espacio que deben tener el el proceso de crear y desarrollar el proyecto de vida.

Ellos utilizan su inteligencia emocional y terminan sus carreras antes de casarse. Y aunque en la corta historia se habla de formar una familia, es muy probable que lo hagan después de establecerse en sus respectivas carreras.

El arte de sanar los traumas de la niñez transita por los caminos de la madurez emocional y de la puesta en práctica en el amor romántico y al enamorarse, lo que ahora se denomina la inteligencia emocional.

Manuel y Rosa, al practicar el amor romántico y al enamorarse, demuestran grados elevados de inteligencia emocional. De ser así, sus vidas amorosas, familiares, y profesionales poseen todos los ingredientes positivos para florecer hacia el éxito y la prosperidad.

El cerebro humano es mágico, y de forma natural crea y produce las hormonas de la felicidad humana: endorfinas, serotoninas, dopamina y oxitocina. Un hecho mágico y maravilloso es que nosotros podemos aprender y practicar habilidades para estimular la producción natural de estos neurotransmisores.

La cultura romántica predomina en la parte occidental del globo terráqueo, y formar parejas románticas o eróticas es un componente vital individual y societario de las personas adultas que nacen y se desarrollan dentro de ella.

Millones de personas de otras latitudes culturales también practican el amor romántico a la hora de crear parejas eróticas, aunque la cultura como tal no contenga la categoría romántica a nivel general.

Para el arte de sanar los traumas de la niñez la cultura romántica es importante debido a los siguientes hechos:

1. La puerta de entrada al amor romántico es a través del enamoramiento, el cual contiene dos componentes esenciales, las emociones románticas y la atracción erótica o sexual. El enamoramiento ejerce una influencia poderosa en la personalidad de las personas que se enamoran.
2. Al enamorarse, las personas crean alguna forma formal o informal de pareja romántica o erótica. El crear pareja romántica estable y formal marca el proyecto de vida de todas las personas que atraviesan por este proceso.
3. Millones de seres humanos y de familias nacen del proceso de la formación de pareja romántica, y esos seres humanos se crían y desarrollan en relaciones familiares que pueden ser funcionales o disfuncionales.
4. Si las relaciones de crianza familiar son funcionales y efectivas, los niños que son el producto de esas familias resultan con pocos eventos traumáticos en sus historias de vida.
5. Si las relaciones de crianza familiar son disfuncionales, los niños que son el producto de esas familias resultan con muchos eventos traumáticos en sus historias de vida.

"Te amo, porque en ti veo a la persona que deseo llegar a ser en el futuro. Eres la imagen perfecta de mi futura autoestima."

Héctor Williams Zorrilla

¡La pareja: la química de la emoción amorosa y atracción sexual!

(**Tomado del nuevo libro "La Psicología del Amor-El amor romántico: Aprender a amar" escrito por este psicólogo y autor, páginas 93-95)

El arte de sanar los traumas de la niñez atraviesa todas las experiencias románticas de los enamorados. Al enamorarse, las personas expresan todas las intimidades de la personalidad en las esferas personales y familiares.

La química de la atracción amorosa es compleja, pero ella es parte de la esencia de todos los tipos o formas de amor. Ella es la esencia escondida en la experiencia vital de amor expresada en cualquier tipo de amor. En el caso del amor romántico o erótico, la atracción es la química que provee la fórmula para la expresión y la manifestación de la **emoción amorosa** y de la **atracción sexual**, es decir, del **enamoramiento**.

El enamoramiento es el actor principal del amor romántico

Sabemos que sin la emoción amorosa y atracción erótica o sexual no existe enamoramiento. Todavía más, sin atracción las personas no pueden manifestar su experiencia vital de amor que es el componente vital de vida que el Dr. Freud denominó libido, o el principio de vida y el placer.

La experiencia vital de amor requiere de alguna forma de atracción, sea ésta estética, física, psíquica, visual, perceptiva o de otras índoles. La atracción es uno de los componentes de la experiencia vital de amor que contribuye con su energía y vitalidad. Todas las emociones humanas son atrayentes - repelentes, prejuiciosas, y están energizadas con vitalidades. La atracción le permite a la experiencia vital de amor ser una de las más poderosas emociones.

La seducción es parte esencial del amor erótico

La expresión y consumación del amor erótico necesita el uso de la seducción por parte de sus participantes

Esta es una de las complejidades ligadas al amor erótico. Por un lado, las expresiones eróticas de la experiencia vital de amor no pueden ser creadas, inventadas, o elegidas por las personas involucradas. Ellas son o no son, están o no están en las intenciones eróticas de los amantes. Ningún ser humano es capaz de inventar una experiencia vital de amor erótico hacia otra persona, aunque sí puede aparentarla o simularla por medio del matrimonio, o las actividades sexuales, u otros gestos verbales o físicos. Pero las personas no pueden crear o inventar experiencias vitales de amor ni en ellas mismas, y mucho menos, en otras personas. La experiencia vital de amor es un componente intrínseco y vital a la vida misma que se expresa con ella naturalmente.

Los juegos de la seducción crean las experiencias de aprendizajes de amor

Pero, por otro lado, y aquí aparece la complejidad, la seducción juega un papel esencial en la creación y desarrollo de las experiencias de aprendizajes de amor erótico durante la adultez. Las personas necesitan jugar a la seducción en el proceso de la creación y desarrollo de la parejas eróticas o románticas.

No hay dudas de que existe un tono misterioso en los procesos del romanticismo

Ninguna cantidad de seducción por parte de los amantes puede despertar y crear una experiencia vital de amor erótico allí en donde ella no existe, pero alguna cantidad de seducción es necesaria para crear y desarrollar una pareja erótica allí donde la expresión erótica de la experiencia vital de amor está presente.

El juego de la seducción y las experiencias de aprendizajes de amor

El juego de la seducción es uno de los componentes de las experiencias de aprendizaje de amor, la cual necesita ser creada y desarrollada. Las personas difieren en el uso y la aplicación de la seducción, pero todas ellas crean e implementan técnicas y métodos de seducción, unos generales y otros específicos, que las experiencias de aprendizajes de amor reportan efectivos.

Los cuerpos humanos se tornan elementos preferidos en el juego de la seducción

Los amantes agudizan sus sentidos, refinan sus gustos, cambian sus preferencias, polarizan sus actitudes, disminuyen sus prejuicios cuando están atrapados por el juego de la seducción, que en muchos casos y circunstancias, no es un simple juego, sino que toma la categoría de una guerra.

El juego de la seducción es parte de lo que yo denomino el ritual de la conquista amorosa y de sus componentes, incluyendo la máscara de la personalidad implementada por los enamorados. Para la seducción romántica de alguien que nos atrae preferimos exhibir y presentar nuestra mejor cara, y la mejor versión de nosotros que creemos poseer.

Práctica terapéutica

Nuestras relaciones románticas se encuentran entre nuestras mejores maestras de la vida.

En las culturas predominantemente románticas, y aún en aquellas que no lo son, enamorarse es una experiencia con valencia emocional alta. Los estudiosos del romanticismo estamos de acuerdo en que al enamorarse los seres humanos transfieren y proyectan sus imágenes y fantasías románticas adquiridas de modelos importantes durante la niñez.

Ambos procesos, el de la adquisición de imágenes y fantasías románticas en la niñez y el de enamorarse más tarde, son eventos importantes y significativos para cada vida humana.

Enamorarse es parte del componente emocional de la vida humana, y la inteligencia emocional de los participantes en el acto de enamorarse juega un papel crucial en el desarrollo del proceso del amor romántico.

Nos enamoramos para incrementar el valor de nuestra identidad o estructura del YO, o para aumentar el valor de nuestra autoestima o los valores del YO. Este es el mismo proceso que ocurre con la manifestación de todas las emociones humanas.

¿Qué procuramos al enamorarnos? ¿Queremos aumentar el valor de nuestra identidad o estructura del YO, o aspiramos a incrementar el valor de nuestra autoestima o los valores del YO? Al encontrar nuestro otro YO, ¿nos fusionamos con él, o preservamos nuestra identidad? ¿Incrementamos nuestra autoestima en detrimento de la autoestima de la otra persona? Al enamorarnos, ¿aumentamos nuestra autoestima al mismo tiempo que incrementamos la autoestima de la otra persona?

Todas preguntas hacen referencia a lecciones de la vida que podemos aprender de nuestras relaciones románticas. Y el arte de sanar los traumas de la niñez pasa y atraviesa todas nuestras experiencias románticas.

El adulto enamorado regresa a la experiencia oceánica que disfrutaba en el vientre de la madre, o aquella experimentada al chupar los pechos de su madre durante la niñez -

Héctor Williams Zorrilla

¡El enamoramiento: El óvulo y el esperma que crean la pareja romántica, aunque todos los enamorados se enamoran para maximizar a su identidad, o su autoestima!

El Dr. Freud decía que en término del YO, el amor romántico que un adulto exhibe es la identificación/proyección de la relación amorosa que el niño tenía con su madre. Y si al enamorarse las personas adultas procuran maximizar su identidad y su autoestima, la conexión entre el arte de sanar los traumas de la niñez y el enamoramiento es incuestionable -

"Todos los enamorados se enamoran para maximizar o su identidad, o su autoestima.

La experiencia vital de amor es una emoción, y como tal, todas sus expresiones son emocionales. Y la prueba más fehaciente de ello lo tenemos en la práctica del amor erótico.

La primera etapa del amor romántico, el enamoramiento, es una emoción que sigue todas las reglas de las demás emociones, por ejemplo, la vergüenza, la timidez, la ira, el enojo, los celos, el temor, el miedo, el odio, el rencor, y otras.

El objetivo básico de las emociones es el siguiente: todas ellas maximizan la autoestima

Este es el primer y básico significado de todas las expresiones emocionales de los humanos. *La emoción del enojo al expresarse dice:* "has invadido mis espacios, y ahora estás introducido en ellos sin mi permiso y con violencia. Con mi enojo o ira, estoy tratando de hacerte sentir mal, de la misma manera que tú lo hiciste conmigo".

Todas las emociones humanas son reacciones defensivas utilizadas por la autoestima. Y los dos componentes del enamoramiento, la emoción amorosa y la atracción amorosa o sexual también los son a gran escala. La emoción del enamoramiento puede ser una combinación de la identificación, la proyección, la sublimación, la compensación, la regresión, etc., pero en este punto, ese hecho importa poco en contraste con la realidad de que ella es una emoción que procura maximizar la autoestima de las personas que la expresan.

La paradoja de la emoción del enamoramiento

Todas las otras emociones procuran maximizar la autoestima utilizando el rechazo o la separación, es decir, concentrándose en el "sí mismo". Con las manifestaciones de todas las otras emociones las personas reúnen sus energías alrededor de "sí mismas", de sus identidades, como recursos defensivos a cualquier amenaza externa. Eso es lo que sucede con la vergüenza, el temor, el odio, los celos, etc. Con la emisión de todas estas emociones las personas se retiran, se separan de sus objetos amenazantes y se concentran en sí mismas.

Pero con la emoción del enamoramiento sucede lo opuesto, y aquí está una de las grandes paradojas que complican su existencia.

Cuando yo expreso la emoción de la timidez, yo estoy diciendo: "oye, me siento amenazado por ti, así que, te pido sutilmente alejarte y permitirme disfrutar de mi propia autovalía".

Entonces, aquí está la paradoja: cuando yo expreso la emoción del enamoramiento digo: "oye, me siento profundamente atraído por ti, así que te pido que tú permitas que yo comparta mi autovalía con la tuya".

La emoción del enamoramiento reclama la creación de un YO compartido

En otras palabras, la emoción del enamoramiento reclama la creación de un sí mismo compartido o *"ego á deux"*. **La búsqueda de vínculo, de creación de "sí mismo" compartido, es la** explicación básica dada a la pregunta: ¿por qué las personas forman parejas románticas amorosas?

Mi respuesta a esta pregunta es que las parejas se forman en los espacios o vínculos psicosociales que sus miembros establecen cuando cada uno encuentra su otro YO, su "otra mitad o media naranja".

Las percepciones positivas que cada participante de la pareja ve en su otro YO son las responsables o el punto crítico que lleva a la formación de la pareja romántica optativa. Para las parejas románticas, son las percepciones positivas hacia ese otro YO descubierto las que permiten a sus miembros elegirse mutuamente entre otras alternativas de pareja que ellos pudieran tener.

Como un estudioso de la conducta romántica, yo no soy el único planteando estas ideas. Hay otros investigadores de la conducta romántica que examinan la emoción del enamoramiento como la creación de mi "YO" compartido, y entre estos están Winch (1958), y su teoría de necesidades complementarias; Murstein (1961), quien dice que la pareja está compelida por necesidades similares; Kubie (1956), habla de las discrepancias entre las demandas conscientes e inconscientes de los miembros de la pareja; Framo (1970), lo explica basándose en que las parejas se relacionan con un contrato psíquico de doble vía que implica acuerdos transaccionales; Bowen (1966), dice que las personas tienden a formar parejas con otra que tenga el mismo nivel básico en la diferenciación de su personalidad; Napier (1978), expone que cada miembro de la pareja tiende a escoger a su peor pesadilla; Solomon (1981, 1988), plantea que el amor es la creación de identidad compartida a través de las ideas, los juicios y los valores de sus participantes.

El enamoramiento y la personalidad

La expresión de la emoción del enamoramiento en la creación de ese YO compartido estremece los cimientos mismos de la personalidad de sus participantes. Y esto sucede no por la idea bastante popular que indica que los seres humanos nos sentimos y nos percibimos solitarios y separados hasta que encontramos una pareja erótica, de la cual se deriva el presupuesto de que todos los seres humanos necesitan y buscan a "su otra mitad". La personalidad se sacude en el proceso de la creación del YO compartido posiblemente por lo contrario: el sobre-énfasis cultural que promueve la invasión de sus espacios, entre otras razones.

Una cosa está clara: la emoción del enamoramiento no es pasiva, ni receptiva, sino, proactiva, dinámica y, sobre todo, creativa. Ella es la responsable de la creación de la pareja amorosa. Ella provee el esperma y el óvulo para su fecundación, aunque otros elementos en el ciclo procesal del amor asumen responsabilidades en su crecimiento.

La auto identidad y la autoestima

Tengo que hacer una aclaración pertinente respecto a la auto identidad y a la autoestima, dos conceptos que difieren cualitativamente. La primera se refiere a la estructura del YO; la segunda a los valores del YO. Posiblemente en muchas personas la expresión de la emoción del enamoramiento implique la creación de la estructura del YO, pero la mayoría de las personas tienen sus identidades o las estructuras de sus YOES suficientemente establecidas para el tiempo cuando la emoción del enamoramiento se manifiesta. Y son los valores del YO o la autoestima, durante la creación de un YO compartido, la porción de su personalidad que los amantes intentan maximizar con la expresión de la emoción del enamoramiento.

(Este apartado del libro fue tomado del libro "La psicología del amor: El amor romántico (para aprender a amar) - Páginas 110-112, escrito y publicado por este mismo autor)

Práctica terapéutica

La emoción del enamoramiento sacude los cimientos mismos de la personalidad de sus participantes.

Existen evidencias de que los niños se enamoran mucho antes de su madurez sexual. Y si es así, el componente del enamoramiento denominado emoción amorosa se expresa antes de que su otro componente, la atracción erótica o sexual, tenga la oportunidad de expresarse, porque la madurez sexual no se ha completado todavía.

El arte de sanar los traumas de la niñez navega a través de estos procesos complejos del desarrollo humano que implican el aprendizaje y la práctica del amor romántico.

¿Te has enamorado? ¿Qué le sucede a tu personalidad cuando eres "atrapado por cupido"?

El amor romántico es la máxima expresión de la individualidad y la libertad de las personas, porque mediante su expresión los amantes expresan su poder para elegirse mutuamente, enamorándose uno del otro sin que importen las opiniones de los demás.

Héctor Williams Zorrilla

¡El amor romántico: El placer de amar y las verdaderas razones para amar y ser amado!

(**Tomado del nuevo libro "La Psicología del Amor - El amor romántico: Para aprender a amar", escrito por este autor, en las páginas 14-19)

Segunda introducción del libro

El Placer de Amar

Amar no es una obligación, sino un privilegio.

No se puede amar por presión ni por deber, sino porque es el mayor placer en la vida; amas por gusto porque puedes amar; no amas por cumplir ninguna regla, ni para hacer méritos ante nadie; amas por el simple y maravilloso placer de amar.

Te amo, y en este momento acepto la aventura de explorar y descubrir contigo lo que guardas más allá de tus máscaras y tus defensas.

Contemplo con ternura tus más profundos sentimientos, tus temores, tus carencias, tus esperanzas y alegrías, tu dolor y tus anhelos.

Te amo, y comprendo que detrás de tu coraza se encuentra un corazón sensible y solitario, hambriento de una mano amiga y de una sonrisa sincera en la que puedas sentirte en casa.

Te amo, y con el mayor respeto entiendo que la desarmonía y el caos en los que a veces vives son el producto de tu ignorancia y de tu inconsciencia. Me doy cuenta de que si generas desdichas es porque aún no has aprendido a sembrar alegrías, y en ocasiones te sientes tan vacío y tan carente de sentido, que no puedes confiar en ti mismo ni reconocer tu riqueza; pero en este instante, descubro y honro, por encima de cualquier apariencia, tu verdadera identidad y tu valor, y aprecio honestamente tu infinita grandeza como una expresión única e irrepetible de la vida.

Te amo, y sinceramente desde hoy te brindo la oportunidad de ser escuchado con profunda atención, interés y respeto. Acepto tu experiencia sin pretender modificarla, sino comprenderla. Te ofrezco un espacio en el que puedas descubrirte sin miedo a ser calificado, en el que sientas la confianza de abrirte, sin ser forzado a revelar aquello que consideras privado.

Te amo, reconozco, y a partir de este momento te muestro que tienes el derecho inalienable de elegir tu propio camino, aunque este no coincida con el mío. Desde este instante, te permito descubrir tu verdad interior por ti mismo, a tu manera; te aprecio sin condiciones, sin juzgarte, sin reprobarte, sin pedirte que actúes de acuerdo con mis expectativas, sin exigirte que te amoldes a mis ideales; tienes el derecho de ser tú mismo.

Te amo, y te valoro por ser quien eres, no por ser como yo quisiera que fueras. Confío en tu capacidad de aprender de tus experiencias y de levantarte de tus caídas, más maduro; tengo plena fe y absoluta confianza en tu poder como individuo.

Te amo, y gozo de la fortuna de poder comprometerme voluntariamente contigo, y a partir de este día respondo en forma activa a tu necesidad de desarrollo personal. Creo en ti cuando tú dudas; te contagio con mi vitalidad y mi entusiasmo cuando estás por darte por vencido; te apoyo cuando flaqueas, te animo cuando titubeas; te tomo de las manos con firmeza cuando te sientes débil; confío en ti cuando algo te agobia; y te acaricio con ternura cuando algo te entristece, sin dejarme arrastrar por tu desdicha.

Héctor Williams Zorrilla

Te amo, comparto tus alegrías y me regocijo contigo cuando te sientes dichoso. Me deleito en tu presencia, más no pretendo poseerte; disfruto de tu compañía, pero no deseo retenerte ni impedir tu vuelo. Paladeo el regalo de compartir en el presente, por el simple gusto de estar juntos, sin ataduras ni obligaciones impuestas, por la espontánea decisión de responderte libremente.

No te quiero mío, te amo tuyo, te amo, como amo a la brisa que viene y que va, y acaricia mi mejilla.

Te amo, y tengo la suficiente humildad como para recibir tu ternura y tu cariño sin representar el papel del que nada necesita; acepto con gusto lo que me brindas, pero no exijo que me des lo que no puedes o no deseas.

Te amo, y le agradezco a la vida el prodigio de tu existencia, pues siento tu presencia una auténtica bendición en mi sendero; gracias por ser.

Te amo, y precisamente por eso no dependo de ti, pues si dependiera no sería amor sino carencia, no dependo de ti, te amo.

Hoy disfruto de nuestro encuentro, sabiendo que cada día es una aventura incierta y que el mañana es una incógnita perenne. Desde hoy, vivo como si fuese el último día que puedo compartir contigo, de tal manera que cada reencuentro sea tan intenso y tan profundo como si fuese la primera vez que te tomo de la mano, y en esta forma hago que lo cotidiano sea siempre una creación distinta y milagrosa.

Me atrevo a mostrarte mi cariño espontáneamente a través de mi mirada, de mis gestos y sonrisas, de mi caricia firme y delicada, de mi abrazo vigoroso, de mis besos, con palabras francas y sencillas, te amo.

Héctor Williams Zorrilla

Te valoro por ser quien eres, aprecio tus riquezas interiores, aun aquellas que tú mismo desconoces. Veo tu potencial latente y desde hoy colaboro para que florezca la semilla que se encuentra dormida en tu interior. Tu desarrollo personal me importa honestamente, cuentas conmigo y desde este momento te permito descubrir tus capacidades creativas, y aliento tu posibilidad de dar todo el fruto que puedes dar; con gusto develo ante tus ojos el tesoro que llevas dentro, y coopero contigo para ser de esta vida una experiencia más rica y más llena de sentido.

Te amo, y también me amo a mí mismo y por eso, desde este día, también me atrevo a establecer mis propios límites, y a mantenerlos firmemente; me respeto a mí mismo y por ello con todo mi amor, no permito que transgreda mis derechos personales, ni que me ates, ni que coartes mi libertad para ser quien soy.

Te amo, y tengo tanta confianza en mí mismo y en ti, que sin temor a que nuestra relación humana se perjudique, desde este instante me siento en la libertad de expresarte mi enojo sin ofenderte, y puedo manifestar lo que me molesta e incomoda sin intentar hacerte daño o lastimarte; soy sincero, soy verás contigo.

Te amo, por eso también reconozco y respeto tus limitaciones y así te aprecio, pero no te idealizo. Comparto y disfruto los acuerdos y acepto los desacuerdos, y con absoluta certeza te digo que si llegara el día en que evidentemente nuestros caminos fueran incompatibles sin remedio, yo soy capaz de despedirme en paz y en armonía, de tal manera que ambos nos recordemos con gratitud por los tesoros compartidos.

Te amo, y al amarte veo en ti más que tu individualidad como persona; te percibo y te valoro como una expresión del hombre, como una manifestación palpable de esa esencia trascendente e intangible llamada Ser Humano, de la cual yo mismo formo parte.

A través de ti reconozco el milagro independiente de la Naturaleza Humana que es mi propia naturaleza, con toda su grandeza y sus limitaciones; a través de ti, pude apreciar tanto las facetas luminosas y radiantes de la Humanidad, así como sus lados oscuros y sombríos.

Te amo, y en ti amo al Ser Humano en su totalidad y amo la auténtica Naturaleza Humana tal como es.

Te amo, y al amarte a ti, me amo a mí mismo y me siento orgulloso de ser una nota digna y valiosa en la sinfonía de este mundo.

Martín Alfonso Villanueva Reinbeck

Práctica terapéutica

¿Es enamorarse una decisión tomada por sus participantes o es un acto involuntario? ¿Me enamoro porque decidí enamorarme, o fui víctima del poder de la emoción del enamoramiento? Respondiendo a estas dos preguntas se han escrito muchas páginas desde el surgimiento del amor romántico en el mundo occidental.

En las culturas románticas la experiencia de enamorarse es una de las experiencias más significativas en las historias de vida de las personas.

¿Te has enamorado alguna vez? Si no es así, ¿por qué no? Si te has enamorado, ¿puedes recordar qué y cómo sucedió? ¿Qué tipo de emociones experimentaste al enamorarse? Enamorarse, ¿fue una experiencia positiva o negativa para ti?

Tanto en las culturas románticas como en las que no lo son, enamorarse es un componente intrínseco del arte de sanar los traumas de la niñez.

La mitología griega indica que Zeus creó a los seres humanos con dos caras, dos brazos, y dos piernas. Zeus utilizó luego su poder, dividió a los humanos en dos partes o mitades, y condenó a cada ser humano a buscar y encontrar a la otra mitad. Desde entonces, mediante el amor romántico, cada ser humano procura encontrar a su alma gemela o media naranja o su otra mitad o su otro YO.

¡Las claves del romance: cómo encontrar "la alma gemela", el otro YO, "la media naranja" o "la otra mitad"!

(**Tomado del nuevo libro "La Psicología del Amor - El amor romántico: Para aprender a amar", escrito por este autor, páginas 140-144)

La energía de la idealización de los enamorados

El poder de la emoción del enamoramiento se encuentra situado en su espina dorsal: la energía de la idealización. Es esa energía la que produce el estado de éxtasis fantasioso que se observa a diferentes niveles en los enamorados. Fue la fuerza de la idealización (las fantasías, las ilusiones, la obsesión por la unión con otro ser a quien se admira y adora), la que dio origen al amor romántico, la misma que lo sostiene hoy día.

Idealizar a otra persona es un fenómeno de doble vía: parte del YO de quien idealiza, hacia el YO de quien es idealizado en búsqueda de la mutualidad de YOES. Los enamorados perciben a la otra persona como un ser con cualidades trascendentales y atrayentes.

El proceso de idealizar a la persona de quien se está enamorado

Ese proceso es la esencia de la emoción del enamoramiento, la misma que produce la creación de un YO compartido cuando el enamoramiento es mutuo. Los estudios difieren respecto a quién se beneficia o perjudica en el proceso de enamorarse.

¿Se benefician las personas con niveles altos de autoestima, o las que tienen niveles bajos? ¿Cuáles se perjudican?

Theodor Reik y Elaine Walster, opinan que este proceso es un intento de compensación, y que las personas con niveles bajos de autoestima son más propensas a enamorarse que las que tienen niveles altos. Maslow, Rogers y Adler, expresan lo contrario: las personas con niveles altos de autoestima son más capaces de amar.

Con la emoción del enamoramiento cada enamorado procura aumentar o su identidad, o su autoestima

Ya en *"El Banquete"* de Platón, el amor es definido como la búsqueda de otro YO. Según Aristófanes, en el principio todos éramos seres dobles y perfectos, hasta que fuimos partidos en dos por Zeus. Apolo arregló las dos mitades, pero nos hizo seres incompletos.

El amor romántico es una paradoja

El tema central del amor romántico es la autoidentidad (la estructura del YO), y la autoestima (los valores del YO). El amor romántico es una paradoja: él busca lo mismo que quiere negar. Para su existencia, presupone al individuo libre, entonces, a través de sus procesos, los individuos tratan de vencer su individualidad al unirse con otro ser para completarse. Kafka lo describió perfectamente: el amor es un drama de contradicciones.

El amor romántico procura unir dos YOES en uno solo

Pero esta es la realidad experiencial y necesaria de la emoción del enamoramiento en todas las culturas románticas. Su expresión en los espacios psicosociales de hoy invoca el mito descrito por Aristófanes: la aspiración y búsqueda de la unión con otro ser para iniciar el proceso de creación de YOES compartidos, para de nuevo, convertirnos en seres humanos totales y completos. ¿No es esa la fantasía con la que los enamorados se comunican cuando se miran a los ojos?

Las culturas románticas

Cuando hablamos del predominio del romanticismo nos estamos refiriendo a los estadios ocupados por la cultura del amor erótico. Enamorarse es adquirir una nueva forma de percibir el mundo a través de la cultura del amor erótico. La cultura romántica en occidente necesitó más de quinientos años para alcanzar los grados de sofisticación que tiene hoy día. Pero además, ella contiene en sus entrañas innumerables desniveles, aunque sus esencias permanezcan invulnerables.

Las experiencias de aprendizajes de amor difieren en matices de una cultura amorosa a otra, pero la experiencia básica de la emoción del enamoramiento, así como sus concomitantes perceptivos, motivacionales y cognitivos tienen pocas variaciones.

La cultura romántica conserva aspectos de su esencia invulnerables donde quiera que ella haya impuesto sus poderes. Y los enamorados se comportan casi de idénticas maneras en todas las geografías culturales del romanticismo.

El enamoramiento posee un poder autorreflexivo y obsesivo

La nueva forma de percibir el mundo experimentada por los enamorados es el efecto del poder autorreflexivo obsesivo contenido en la emoción del enamoramiento. El enamoramiento puede suceder rápidamente, lo que se llama "amor a primera vista o flechazo de Cupido", o mediante un proceso de cortejo, pero el poder autorreflexivo obsesivo de la emoción del enamoramiento se manifiesta en ambas maneras de enamorarse.

El cortejo es parte de la cultura romántica

Aunque anteriormente me he referido al cortejo como un elemento del "ritual de la conquista", en la etapa actual del desarrollo de la cultura romántica es atinado preguntarse lo siguiente: ¿Se corteja cuando ya existe la emoción del enamoramiento, o antes? ¿El ritual de la conquista produce el enamoramiento, o al revés?

Mi perspectiva es la de que la emoción del enamoramiento está ya presente en algún nivel en el momento en que las personas entran a participar del ritual de la conquista. Pero por otro lado, el ritual de la conquista es un preámbulo indicativo u orientador de la emoción del enamoramiento en las partes involucradas.

La emoción del enamoramiento se produce en fases

Algunos estudiosos del fenómeno amoroso olvidan que la emoción del enamoramiento también se produce en fases. Estas fases pueden tener intervalos cortos o largos, de unas horas, a unos días, o meses, o años. En Norteamérica, por ejemplo, las fases del enamoramiento son cortas. Las personas no disponen de mucho tiempo para dedicárselo al ritual de la conquista. Además, el cortejo es bastante directo: un contacto visual indicativo (los norteamericanos no acostumbran mirarse directamente), y una invitación a comer. Pero ellos tienen una palabra, "*dating*", para indicar que están viendo a alguien con fines amorosos. En otras culturas, los intervalos de las fases de la emoción del enamoramiento son más largos. Hay otros factores implicados como las edades, los rasgos en la personalidad e, incluso, los géneros de los participantes.

¿Es enamorarse una decisión tomada por sus participantes, o es un acto involuntario? ¿Me enamoro porque decidí enamorarme, o fui víctima del poder de la emoción del enamoramiento?

Respondiendo esas dos preguntas se han escrito muchas páginas. Yo le dedico algunas páginas a este tema en mi libro "La psicología del amor: El amor romántico (para aprender a amar)".

Práctica terapéutica

Los rituales del cortejo romántico

Hay algunas personas que al enamorarse entran al proceso del amor por un "flechazo de cupido", lo que se ha llamado "amor a primera vista". En mi libro "La psicología del amor: El amor romántico (para aprender a amar)", expliqué estos procesos con detalles.

Pero la mayoría dentro de las culturas románticas entra al proceso del amor romántico por su primera puerta, la puerta del enamoramiento, a través de los rituales del cortejo romántico o el ritual de la conquista amorosa.

Para el arte de sanar los traumas de la niñez lo más importante es prestar atención a los componentes o elementos intrínsecos de este ritual.

1. Los reinos de las apariencias: los enamorados prestan atención especial al cuidado de sus cuerpos, intentando lucir atractivo y radiante frente a la otra persona.
2. La psicología de la complacencia: los enamorados manifiestan buenos modales y desprendimiento económico para exhibir su mejor versión frente a la otra persona.
3. La máscara de la personalidad: los enamorados desarrollan gustos y preferencias que en realidad no poseían, con el objetivo de complacer a la otra persona.
4. Ilusiones románticas: los enamorados desarrollan ilusiones y fantasías románticas hacia la otra persona percibiendo sus cualidades positivas y obviando las negativas.

¡Las claves del romance: cómo encontrar "la alma gemela", el otro YO, "la media naranja" o "la otra mitad"!

(**Tomado del nuevo libro "La Psicología del Amor - El amor romántico: Para aprender a amar", escrito por este autor, páginas 140-144)

Tanto en las culturas románticas como en las que no lo son, uno de los actos creadores más significativos de los humanos es su poder para crear y formar parejas eróticas o románticas. En cada ser humano este acto empieza con la experiencia de enamorarse de otra persona.

¡Por qué nos enamoramos y cómo creamos parejas románticas felices!

*(Tomado del nuevo libro de este autor que acaba de ser publicado "La Psicología del Amor - El amor romántico: para aprender a amar", escrito por el autor de este libro).

Héctor Williams Zorrilla

Los seres humanos son esencial y básicamente creadores. Las capacidades y las cualidades creativas son las características distintivas que se derivan de las capacidades humanas para pensar, razonar, introspección y ejercitar la intuición creadora. Las capacidades creativas permiten a los seres humanos actuar y producir cambios en sí mismos y en todo el ambiente que les rodea. Las capacidades creativas son las dinámicas de cambios que impulsan a los seres humanos a recrear constantemente todas las formas de las realidades, para hacer de ellas símbolos de sus propios sueños, fantasías y mitos.

La creación de la pareja romántica o erótica

La creación más trascendental de los hombres y de las mujeres como seres creadores no son las de contenidos materiales, como la electricidad y las tecnologías derivadas de ellas. El acto creador más hermoso, significativo y simbólico realizado por los seres humanos es la creación de la pareja erótica. Ella representa el valor humano más duradero en el tiempo, más palpitante en las cotidianidades de las personas, y el que ejerce mayor poder simbólico en su psicología y en sus interacciones con el medio ambiente, porque de ella nace alguna forma de familia.

Cuando dos personas entran al ciclo procesal del amor romántico a través del enamoramiento, ellas se dicen una a la otra: "amarte no es una obligación, sino un privilegio".

Y entonces, las parejas empiezan a disfrutar del milagro de la intimidad creado por el acto de enamorarse mutuamente.

El milagro de la intimidad derrumba las barreras de sus YOES, se encuentran a nivel de sus verdaderas esencias vitales y comienzan a crear YOES compartidos.

Práctica terapéutica

El arte del amor romántico saludable

El poema "El placer de amar" citado en este capítulo, describe a alguien que ha aprendido las artes del amor romántico saludable.

Al leer el poema debemos permitir que sus estrofas poéticas inunden el cerebro, nuestra fuente creadora del amor romántico, no el corazón.

¿Cómo te sentiste al leer este poema? ¿Qué tipo de emociones te provocó su lectura? ¿Crees en los elementos amatorios descritos en el poema? ¿Serías capaz de amar románticamente a alguien de esta manera? En la actualidad, ¿estás con alguien a quien amas con las características descritas en el poema? En el pasado, ¿has amado a alguien con esa intensidad? ¿Te gustaría aprender a amar románticamente en las formas que el poema describe?

El amor romántico es la máxima expresión de la individualidad y la libertad de las personas, porque mediante su expresión los amantes expresan su poder para elegirse mutuamente, enamorándose uno del otro sin que importen las opiniones de los demás.

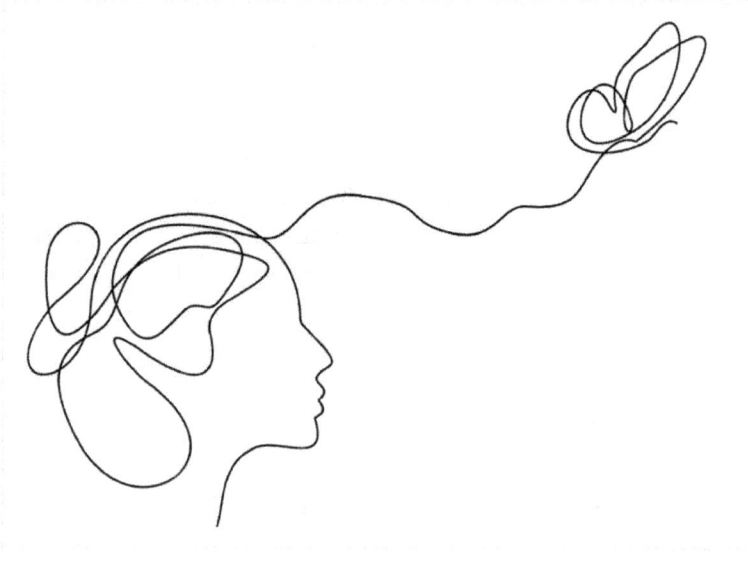

Una gran cantidad de los recuerdos o memorias humanas está sumergida en las experiencias tenidas entre 1 y 5 años de vida. En ese espacio conviven y habitan muchos sueños, fantasías, imaginaciones infantiles, deseos, contactos e interacciones humanas con adultos y otros niños, que en la adultez son solo ráfagas fugaces que en ocasiones pasean sus sombras por el jardín de lo "cuasi ignoto".

Capítulo 5.

Los traumas de la niñez cabalgan en caballos salvajes caprichosos.

Una corta historia. Rosita

Rosita tenía ya 73 años de edad, pero una preocupación empezó a rondar sus memorias de niña. Ella no recordaba cuántos años exacto tenía cuando sus padres se la entregaron a una tía del lado paterno para que "la terminara de criar".

Tanto sus padres biológicos como sus hermanas/os mayores habían muerto, y Rosita intentaba sacar del baúl de sus recuerdos de niña lo que le había sucedido entre los 3 a 5 años de edad.

Rosita creía firmemente que entre esas edades a ella le ocurrieron hechos importantes que poseían la clave para enfrentarse a los miedos que la habían atormentado toda su vida. Ella era la tercera, y hacía grandes esfuerzos para recordar los incidentes relacionados a su separación de su hermana y de su hermano mayores que ella, pero no lo lograba.

Ella cree que ese hecho afectó poderosamente los rasgos sobresalientes de su personalidad, y que sus miedos a enfrentarse a nuevos retos se originan en esa etapa de su vida. La tía que la crió era una buena persona, pero su estilo de crianza consistía en impartir "sermones mezclados con pleitos" impregnados de su fuerte carácter. Además, en el hogar solo estaban su tía, el esposo, y ella, lo que la obligó a vivir una niñez aislada de otros niños.

Durante su adolescencia, Rosita regresó a vivir con sus padres biológicos, porque su tía "no quería tener los compromisos de criar una niña adolescente". En la nueva casa de sus padres, Rosita se encontró con dos hermanos y una hermana más que nacieron después que ella fue entregada a su tía a una edad que ella no logra recordar ahora.

Rosita terminó una carrera universitaria que ejerció esporádicamente, se casó y tuvo tres hijos, pero a los 73 años de edad piensa y siente que existe "algo escondido en su niñez" sin recordar que podría ser la llave que abriera las puertas por donde entraron los miedos que habitan en su inconsciente adormilado.

El arte de sanar los traumas de la niñez

Ningún ser humano llega tarde a la parada de la vida donde se encuentra el tren del arte de sanar los traumas de la niñez.

A este tren se puede arribar y sentarse en una de sus sillas en cualquier fase del desarrollo humano. La vida es flexible y dinámica, particularmente la vida humana, debido a la plasticidad indiscutible del cerebro humano. Las ventanas del cerebro están abiertas para el aprendizaje, es decir, para cambiar, sin importar la edad biológica de quien posea dicho cerebro.

Hechos terapéuticos importantes

1. La apertura para aprender o cambiar: claramente Rosita posee esta excelente cualidad que le abre de par en par las puertas al arte de sanar los traumas de la niñez.

2. La disposición de examinar y evaluar sus emociones: Rosita intuye que la emoción del miedo ha jugado un papel preponderante durante toda su vida impidiéndole tomar iniciativas que ella percibe como retos.

3. Observar y examinar la raíz del miedo: Rosita está abierta y dispuesta a hurgar y examinar las posibles raíces de sus miedos que podrían estar originados en su primera niñez, cuando sus padres biológicos la desvincularon de sus hermanos y la entregaron a su tía para que la criara.

Poseyendo estas cualidades, Rosita podría beneficiarse de un proceso terapéutico que implica el arte de sanar los traumas de su niñez. Algunas técnicas y modalidades terapéuticas que podrían utilizarse con Rosita para resolver estos conflictos, serían:

A) Sesiones de hipnosis para explorar recuerdos infantiles olvidados.

B) Terapia de juego para invocar momentos de la niñez.

C) Terapia del arte para conectar las memorias infantiles guardadas en el inconsciente adulto.

D) Terapia de recuerdos en vivo visitando los lugares específicos donde Rosita vivió entre los 3 y 7 años de edad.

Palabras terapéuticas

Las memorias que nos resultan difíciles de traer a la vida consciente a veces se presentan y proyectan en nuestros sueños, nuestras sombras, y sobre todo, en las maneras cómo nuestras emociones bailan las músicas que producen nuestros cuerpos. Cuando escuchamos atentamente nuestras músicas emocionales podemos oír las canciones entonadas por nuestras memorias inconscientes.

Tal y como el desarrollo humano se produce en etapas, vivir la vida humana crea ciclos que expresan quiénes somos y qué nos importa más en cada uno de ellos. Al vivir, cerrar los ciclos de lo viejo y abrir los ciclos de lo nuevo es un arte maravilloso para producir los grados de la felicidad en cada ser humano.

SERENDIPITY: Cómo cerramos el ciclo de lo viejo y abrimos el ciclo de lo nuevo en nuestro diario vivir

Serendipity y nuestro diario vivir.

El término Serendipity se utiliza en química, física, astronomía, estadística y otras ciencias para denotar hechos, situaciones o circunstancias que ocurren o suceden aunque existan pocas probabilidades matemáticas para que sucedan.

El concepto serendipity se extrapola o traslada a las ciencias de las relaciones humanas, como la sicología y la sociología, para referirse a encuentros fortuitos y placenteros entre dos personas, por lo general, dentro del ámbito de lo romántico y la amistad.

En mis libros, el paradigma serendipity lo refiero al poder que contienen la decisión y la acción de cerrar el ciclo de lo viejo y abrir el ciclo de lo nuevo en nuestro diario vivir.

Todas las creaciones que creamos en la vida pertenecen al pasado, milésimas de segundos después de que este sucede. Y ello incluye nuestros pensamientos, creencias, nuestras emociones y sentimientos (vida afectiva), y nuestras conductas y acciones.

Disfrutamos de la vida en el presente

El presente y el ahora en nuestras conductas cotidianas es fugaz, pasajero y escurridizo. Tan pronto lo ejecutamos ya no es presente ni ahora, es pasado que se escapa entre los brazos de nuestras historias de vida. Disfrutar de un orgasmo erótico es un acto placentero, pero de corta duración fisiológica. (0.6 segundos en el hombre, 0.16 segundos en la mujer).

Los orgasmos estéticos aumentan la felicidad

Los orgasmos estéticos son más duraderos en el tiempo que los orgasmos eróticos. Por ejemplo, disfrutar de un atardecer, la puesta del sol, contemplar un jardín florecido, escuchar a Mozart o Beethoven, oler un perfume agradable, enamorarse a primera vista de alguien, la lectura de un buen libro, disfrutar de una buena comida, ir de compras, ver una película u obra de teatro, tener una experiencia religiosa o espiritual, son todos orgasmos estéticos que nos dejan sensaciones placenteras más largas en el tiempo que las sensaciones placenteras que nos dejan los organismos eróticos.

Pero todas las experiencias orgásmicas que disfrutamos en la vida en el proceso de procurar situaciones placenteras y evitar las situaciones dolorosas para comprobar la grandeza del Dr. Freud, se trasladan al espacio vital que llamamos "pasado", milésimas de segundos después de que las disfrutamos.

Estas experiencias placenteras quedan grabadas en los recónditos espacios de nuestras memorias perceptivas y sensoriales, pero no en nuestro presente y el ahora, sino, en el pasado vivido y disfrutado.

Nuestros apegos al pasado

Los seres humanos nos apegamos al pasado, a ambos, al placentero y al doloroso y traumático.

Esta realidad de apego a lo doloroso y traumático sigue siendo una incógnita en proceso de descifrarse para la psicología, la sociología y la antropología cultural. Hemos avanzado, y tenemos muchas teorías de por qué esto ocurre. El Dr. Freud, quien plantea que las conductas de los seres vivos, particularmente los humanos, se dirigen a la búsqueda del placer y la evitación del dolor, no tenía todas las respuestas al enigma del apego al dolor y a las experiencias traumáticas entre nosotros los humanos.

Serendipity: cerrar el ciclo de viejo y abrir el ciclo de lo nuevo

Yo creo en la experiencia humana de serendipity (perdonen, pero no encuentro una buena traducción al español), como el eslabón poderoso que nos permite "cerrar el ciclo de lo viejo y abrir el ciclo de lo nuevo" en nuestro diario vivir.

La experiencia de serendipity nos ayuda a comprender y a entender que no existe poder real en nuestro pasado, excepto el que nosotros le asignemos con nuestros pensamientos, creencias, nuestras emociones y nuestras acciones presentes.

Nuestro pasado hizo ya lo que tenía que hacer en nuestras vidas al regalarnos lo que nos vino a regalar. Entonces se escapó, se esfumó, y se trasladó a otras dimensiones, para regresar a nuestros ciclos de la vida si no aprendimos de él lo que debimos aprender la primera vez.

Si fue un pasado placentero, nos regaló placer, si fue un pasado doloroso, nos regaló dolor.

Nosotros decimos qué hacemos con estos signos metafóricos de nuestras emociones y sentimientos. Y podemos usarlos para movernos con y hacia la vida de la misma manera que un río lo hace en su devenir hacia el océano, o los utilizamos para estancarnos con la muerte, de la misma forma que lo hace una laguna que se seca por falta de la lluvia fresca que deja de caerle.

La experiencia de serendipity

La experiencia de serendipity nos da el coraje, la fuerza y el valor espiritual para "cerrar nuestros ciclos de lo viejo" constantemente, y en cada segundo, disfrutando y aprendiendo de lo que nos trajeron en sus "ajuares". Cerramos nuestros ciclos de lo viejo sin criticarlos, juzgarlos, y por el contrario, los aceptamos, los admiramos y les agradecemos todas las bendiciones que nos regalan para vivir vidas más sabias, satisfechas y exitosas.

La experiencia de serendipity nos torna flexibles y abre las puertas de todos nuestros sentidos, incluyendo nuestros meta-sentidos, supra-sentidos, extra-sentidos, para recibir y abrir "nuestros ciclos de lo nuevo" en nuestro diario vivir.

Desde ese centro vital de la vida le damos la bienvenida a la vida presente, al ahora, como lo único que realmente poseemos y el único lugar donde podemos vivir la vida que soñamos vivir sobre esta tierra.

Solamente poseemos poder para cambiar lo que deseamos cambiar en el presente y el ahora. La única forma de vivir la vida que merecemos vivir sobre esta tierra es viviéndola en el presente y el ahora.

¿Cómo practicamos SERENDIPITY?

Podemos practicar esta experiencia constantemente al agarrarnos del poder de de serendipity en el ahora. El presente o el ahora es lo único que realmente poseemos con suficiente poder para vivir una vida plena y feliz. En ese espacio vital es donde Serendipity habita.

Práctica terapéutica

Revivir experiencias traumáticas es trasladar el pasado al presente.

Podemos utilizar esta técnica en vivo, guiados por profesionales, para escuchar las músicas emocionales de nuestros traumas, como son el miedo, la vergüenza, y la culpa, oír dichas canciones, y usar nuestro poder personal para borrarlas de la lista de nuestras músicas favoritas.

Esto requiere de prácticas conscientes, pero el arte de sanar los traumas de la niñez transita por estos caminos terapéuticos.

Cada evento traumático contiene músicas emocionales en nuestros cuerpos.

¿Eres capaz de escuchar las músicas emocionales de tus traumas?

Puedes utilizar tu poder personal para borrar estas músicas emocionales de tu lista de canciones favoritas.

La joya más preciada de nuestros cuerpos es el cerebro, porque él es el director de la orquesta de las conductas y de la vida.

¡Sobre lavado cerebral, sugestión e hipnosis!

Definiciones importantes

"Lavar el cerebro" es una expresión que se utiliza para indicar que alguien ha permitido que otras personas o situaciones tomen control de sus pensamientos, decisiones y acciones. Nos han "lavado el cerebro" cuando no somos capaces de ejercer nuestra voluntad, libre albedrío, inteligencia y nuestras capacidades cognitivas para tomar decisiones que nos beneficien y nos hagan los seres humanos que hemos soñado. La sugestión y la hipnosis son fenómenos psicosociológicos más complejos y de carácter más profesional. Ambos conceptos se han utilizado a lo largo de la historia de la humanidad y se continúan empleando hoy día.

Los tres conceptos y paradigmas de este capítulo del libro, el lavado cerebral, la sugestión y la hipnosis están relacionados con la personalidad y el carácter, es decir, con la psicología. Pero además, estos tres paradigmas están conectados con la sociología, la mercadotecnia, la publicidad, la propaganda, y particularmente con la economía y la política. En todas estas áreas hay "especialistas" bien preparados para hacer negocios, incrementar sus riquezas, prestigios, y hasta sus "Egos", utilizando las técnicas y las estrategias que permiten efectuar "lavados cerebrales", sugestiones e hipnosis a los más de ocho billones de humanos que pueblan el globo terráqueo en el tiempo que escribo este libro.

Los personajes que participan en el lavado cerebral, la sugestión, y la hipnosis

Por supuesto, para que los procesos de "lavado cerebral", de sugestión y de hipnosis puedan realizarse, no solo se necesitan de los personajes que llevan a cabo estos "actos mágicos" de la psicosociología, sino que particularmente es necesario disponer de muchas "víctimas" de lavado cerebrales, sugestiones e hipnosis. Y la psicología social, la sociología y la antropología cultural tienen suficiente documentación acerca de los rasgos de personalidad y el carácter de las "víctimas" que son más "vulnerables" al lavado cerebral, la sugestión y la hipnosis.

Los personajes vulnerables al lavado cerebral, la sugestión, y la hipnosis

La primera variable de vulnerabilidad: El coeficiente intelectual. Es básicamente imposible intentar practicar lavado cerebral, sugestión e hipnosis con las personas con un coeficiente intelectual a nivel de genios, o en los linderos de la genialidad. Estas personas poseen muy pocos espacios de "vulnerabilidad" para que estos "actos mágicos" los afecten. Setenta u ochenta de cada cien humanos tenemos un coeficiente intelectual medio, en la media de la "curva de Bell", y entre ellos, un alto porcentaje es prospecto "vulnerable" al lavado cerebral, la sugestión y a la hipnosis. Y mientras más por debajo de la media sea el coeficiente intelectual, en los linderos de la "imbecilidad, la idiotez y la estupidez", más vulnerables están las personas para aceptar un lavado de cerebro, ser sugestionadas, y ser hipnotizadas.

La segunda variable de vulnerabilidad: Los niveles bajos de la autoestima, de autovaloración, y la autoimagen personal y social. Las personas con una autovaloración muy pobre y negativa, es decir, con bajos grados de autoamor, pueden llegar a ser víctimas del lavado cerebral, la sugestión y la hipnosis con mucha facilidad.

Las personas que poseen una autoestima saludable, positiva y proactiva como rasgos predominantes en su personalidad están siempre conscientes de tener y ejercer el control de sus propias vidas, sin tener que cederlo a ninguna otra persona o situación. Por lo general, los grados de autoestima de cada persona están conectados a sus niveles de inteligencia emocional.

La tercera variable de vulnerabilidad: La falta de una filosofía o concepto de la vida definido. Las personas que no aprenden a hurgar en lo más profundo de las intimidades de sus identidades, para vivir sus vidas desde esos lugares, pueden llegar a ser víctimas de controles externos. Esos controles externos por lo general son otras personas significativas o situaciones importantes con las que ellas están relacionadas. Las ideas centrales del lavado cerebral, la sugestión y la hipnosis es la de "regalarle" a los demás una "filosofía de vida apropiada" para que aprendan a vivir la vida que ellas "no han aprendido a vivir por ellas mismas". Controlar y ejercer el poder están en el eje central del lavado cerebral, la sugestión y la hipnosis como procesos psicológicos y socioculturales.

La cuarta variable de vulnerabilidad: un "ego", YO o Self "empobrecido". Si una persona no puede responder con propiedad a la pregunta de quién es ella y para qué vino a esta tierra, su "Ego, YO o Self" está empobrecido. Entre otras cosas, esta persona no es capaz de interpretar sus historias de vida para su propio beneficio, aprendiendo de sus experiencias y aplicándolas a su diario vivir de manera positiva y proactiva. Las personas que viven a este nivel están propensas y vulnerables a lavados cerebrales, sugestiones e hipnosis constantemente.

La quinta variable de vulnerabilidad: el fanatismo religioso. La historia de la humanidad está llena de períodos dominados por lavados cerebrales, sugestiones e hipnosis masivas realizadas por el fanatismo religioso, que han dejado un "sabor amargo" en las páginas de la historia humana. Un ejemplo reciente es la llamada "Santa Inquisición" que mató en la hoguera, las horcas y por otros medios a millones de personas, particularmente mujeres, "ordenado por Dios". Si hay espacios psicológicos y socioculturales donde el lavado cerebral, la sugestión y la hipnosis han tenido y siguen teniendo vigencia, estos espectros están compuestos por el fanatismo religioso. El fanatismo religioso es una "plaga" sociocultural, para la que el único y verdadero dios es la ignorancia. Y la ignorancia endiosada es uno de los terrenos más fértiles donde el lavado cerebral, la sugestión y el hipnotismo producen sus frutos. El otro terreno tan fértil como la ignorancia endiosada es la política practicada utilizando los "principios Maquiavélicos".

A todos nosotros nos han "lavado el cerebro" durante los primeros ocho o diez años vida. Primero, lo hicieron los padres, luego, el sistema escolar, y finalmente, la sociedad. Algunos de estos agentes socializadores hicieron "buenos lavados cerebrales" produciendo seres humanos felices, satisfechos y completos, los cuales pueden encontrar y vivir sus propias identidades humanas.

Otros de estos agentes socializantes han hecho "lavado cerebrales" horribles, creando seres humanos, millones de ellos, que lo único que poseen en sus manos e historias de vida son "pesadillas y traumas a veces incurables". Donde quiera que haya un ser humano, una comunidad, una sociedad, un país, o un continente que viven vidas de miserias humanas, es decir, con falta de libertad, o en la infrahumanidad, allí ha existido o existe un "lavado cerebral traumático" que sigue vigente en las historias de vida de esas personas o sociedades o países.

Podemos vivir nuestras vidas conscientes

Lo más importante para nosotros es vivir vidas conscientes, siempre en la dirección de nuestros sueños.

Primero, adquirimos consciencia mirándonos en el espejo de nuestras historias de vida, para explorar si somos víctimas de lavado cerebrales, sugestiones o hipnosis, individuales o colectivas, que nos mantienen en la infrahumanidad o en la sobrevivencia. Sea que que en la actualidad estamos viviendo la vida que merecemos vivir o no, esta primera evaluación es positiva.

Segundo, ejercemos nuestro propio poder, inherente a nuestra humanidad, y empezamos a conquistar nuestros propios destinos, a escribir nuestras propias historias de vida, a recuperar nuestra humanidad como seres humanos libres.

Tercero, practicamos nuestros propios "lavados de cerebros, sugestiones e hipnosis" que se acomoden a la verdadera vida que somos capaces de vivir sobre esta tierra y en el universo.

Cuarto, empezamos a cumplir y realizar nuestro proyecto de vida con el que vinimos a vivir temporalmente a la tierra y al universo.

Para empezar a hacer estas cosas, necesitamos armarnos de valor y coraje, porque tenemos que romper y desvincularnos de muchos paradigmas "normales de vida", y adherirnos a otros paradigmas que muchos, incluyendo nuestros familiares y amigos, denominan "paradigmas anormales de vida". Es como dijo el Señor Jesucristo en los Evangelios: "El que quiera ganar su vida...tiene que perderla primero..."

Práctica terapéutica

Una manera efectiva que podemos practicar el arte de sanar los traumas de la niñez es aprendiendo a ser emocionalmente más inteligentes. La inteligencia emocional nos enseña a procesar y expresar todas nuestras emociones de formas más saludables, tanto para nosotros mismos, como en nuestras interacciones con otros.

¿Cuáles emociones te resultan difíciles de expresar sanamente? ¿La ira, la tristeza, el amor, la alegría o la felicidad? ¿Te resulta difícil expresar saludablemente las emociones relacionadas con el dolor, la pérdida, o la felicidad?

Las prácticas nos harán perfectos en este ejercicio terapéutico, y con paciencia y dedicación aprendemos a filtrar todas nuestras emociones, sin que importe el signo que ellas tengan, con matices más sanos y saludables.

Todas nuestras emociones son positivas, porque son componentes vitales e intrínsecos de nuestras vidas, y si no las expresamos es porque hemos abandonado las formas físicas de la vida.

Sanar la psicología del inmerecimiento forma parte del arte de sanar los traumas de la niñez, porque cuando este proceso sanador se arraiga en una persona, la psicología del merecimiento toma el control de su vida para su propio bienestar psicoemocional.

¡Nosotros atraemos y tenemos en la vida lo que merecemos, NO necesariamente lo que deseamos tener!

"La sabiduría es saber que soy nada. El amor es saber que lo soy todo. Mi vida se mueve entre los dos".

(Nisagatta Majaraj)

Un concepto central a mis ideas y paradigmas como escritor de libros para el desarrollo humano es el que sigue.

Los seres humanos, todos los seres humanos, poseemos tres (3) energías creadoras poderosas: **La energía creadora de los pensamientos** (la más poderosa que poseemos), **la energía creadora de la sexualidad, y la energía creadora del dinero.** Uno de mis libros publicado recientemente se enfoca en cómo utilizar efectivamente, para el beneficio de los lectores, estas tres energías creadoras.

La física cuántica y el poder energético de la vida

Es ahora un hecho científico comprobado por la física cuántica y otras ciencias, que el universo y todo lo que existe es un campo energético atrayente. Para documentar mi nuevo libro con esta temática leí docenas de libros, publicaciones y estudios sobre la física cuántica. Esta área de investigaciones es fascinante y promisoria, y todos los paradigmas de cómo entendíamos el universo están cambiando para nuestro bienestar.

Uno de los libros maravillosos que leí fue "Power vs Force: The Hidden Determinats of Human Behaviors" (no conozco una traducción en Español de este libro) por el Doctor David R. Hawkins.

El Dr. Hawkins y su equipo hicieron miles de experimentos, con miles de personas y situaciones, para determinar los niveles de energías de las personas y cómo viven sus vidas. Estas son investigaciones fascinantes y con sentido y propósito prácticos para todos nosotros, que nos indican nuestros niveles de consciencia y cuánto poder personal y social poseemos.

El número mágico de nuestro poder personal

El número mágico que divide a los humanos en cuanto a los niveles de poder energético que poseemos para vivir la vida, **es el número 200**.

Los humanos que poseemos niveles de energía por debajo de 200 tenemos serios problemas para vivir vidas exitosas y felices. Todos los niveles energéticos están correlacionados con emociones y sentimientos que son predominantes en nuestras vidas, dependiendo de nuestros niveles energéticos.

Presento aquí estos niveles de energía de manera resumida, información que tomé del libro mencionado.

Nivel de energía 20: dominado por la vergüenza

Las personas con este nivel de energía no se "perciben siendo personas" con suficiente poder personal para vivir. Estas personas piensan constantemente en el suicidio, y muchas de ellas lo logran. Otras compensan su nivel bajo de energía siendo perfeccionistas, rígidas e intolerantes. Los asesinos en series por lo general poseen este nivel de energía.

Nivel de energía 30: dominado por la culpa

Estas personas manifiestan constante remordimiento, auto-recriminación, masoquismo, victimización y falta de autoperdón. Una gran cantidad de enfermedades psicosomáticas nacen de este nivel de energía, además de la ira descontrolada que conduce a graves problemas psicosociales.

Nivel de energía 50: dominado por la apatía

Las personas que viven sus vidas a este nivel de energía se perciben a sí mismas sin esperanza, en desespero, sin futuro y sin recursos para salir de la pobreza espiritual, emocional, intelectual, sociocultural y financiera en la que viven sus vidas.

La macrosociedad política utiliza a estas personas, la mayoría en muchas sociedades del globo terráqueo, para lograr sus propios beneficios. Es la práctica Maquiavélica sobre la mayoría de los seres humanos para el beneficio de la minoría, la cual disfruta del ochenta por ciento de todas las cosas buenas que hay en la tierra y en el universo.

Nivel de energía 75: dominado por la depresión

Estas personas están controladas por la tristeza, la pérdida constante, la dependencia y la codependencia. Con este nivel de energía todo parece perderse sin razones para ello: trabajo, amigos, familiares, oportunidades, dinero y la salud.

Muchas de estas personas terminan suicidándose o aisladas de los beneficios sociales. La depresión es tratable, pero no lo parece para millones de seres humanos para quienes esta es la única forma de vida que conocen y viven.

Nivel de energía 100: dominado por el miedo y temor

Para estas personas, el mundo donde viven es peligroso y está lleno de enemigos que procuran destruirlas. Estas personas se sienten "extranjeras" en la tierra y en el universo, y perciben estar en constante peligro y amenaza. A esta situación en la que viven muchos millones de personas se le denomina "paranoia social".

A estas personas les resulta difícil entender que lo divino y el universo son sus amigos, y que desean lo mejor para ellas todo el tiempo.

Los seres humanos no vinieron a esta tierra y al universo a sufrir, sino, a ser felices y a vivir vidas bellas.

Nivel de energía 125: dominado por los deseos

Los deseos motivan la mayoría de las actividades de los humanos, incluyendo los deseos por el dinero, la fama, el prestigio, y el poder. Los deseos descontrolados se transforman en adicciones peligrosas (sexuales, al juego, al dinero, las drogas, a los alimentos, y otras).

El nivel energético de deseo bien dirigido es necesario para todo tipo de logros personales y sociales. Sin un nivel apropiado de la energía del deseo los fracasos humanos están garantizados.

Pero los deseos acoplados con apegos obsesivos y compulsivos son terriblemente dañinos y restrictivos de la vida que merecemos vivir.

Nivel de energía 150: dominado por la ira

La energía de la ira saludable es beneficiosa, y contribuye a una autoestima sana y positiva, a un autoconcepto, y a una autoimagen psicosocial proactiva y positiva. Los niveles insanos de la energía de la ira pueden conducir al homicidio, al odio y a las guerras. En los umbrales de la ira transformada en rabia, se encuentra la energía del odio. Si convertimos esta energía en amor, encontramos nuestro propósito de vida más rápido, y la pasión para vivirlo se torna contagiante y mágica.

Nivel de energía 175: dominado por el orgullo

La energía del orgullo bien dirigida es positiva, y puede contribuir para que las personas que viven la vida a este nivel de energía cumplan con la tarea número uno para la que están sobre esta tierra y en el universo: realizar su proyecto de vida para vivir la vida de sus sueños.

Yo denomino esta realidad "acomodarse sobre la tierra", sin lo cual no se puede ser útil a otras personas. Parte esencial de encontrar y vivir nuestro propósito de vida es acomodarnos para poder regalar a otros lo que ya poseemos. Tenemos que aprender a honrarnos con dignidad y auto amor, y luego ofrecer esa joya de vida a otras personas que también se honren y sean dignas.

Nivel de energía 200: dominado por el coraje y el valor

En este nivel de energía es donde empieza aparecer el poder para vivir una vida saludable. Todo nivel energético por debajo de 200 es débil y manipulable. El poder personal de cada ser humano empieza a aparecer a este nivel energético.

El nivel energético del coraje ve la vida como excitante, estimulante y como un reto digno de enfrentar diariamente. No es posible vivir los propósitos de la vida sin la energía del coraje. Los seres humanos que poseen coraje y valor se diferencian de los seres humanos pusilánimes y mentalmente pobres. El nivel energético del coraje nos permite controlar las telarañas mentales que se posan en nuestras mentes constantemente.

A partir de este nivel de energía vienen otros niveles energéticos que promueven el bienestar personal y social, y que contribuyen a vivir vidas trascendentes, victoriosas, poderosas y exitosas.

El nivel de energía 250: dominado por la neutralidad

Este nivel de energía dice: "Yo estoy bien y seguro en la tierra y en el universo. Hay suficiente abundancia para todos". La persona percibe y trata a los demás con una actitud de ganar-ganar.

El nivel de energía 310: dominado por la voluntad

Las personas que viven en este nivel de energía están abiertas al crecimiento, los retos y a los cambios del vivir cotidiano. Ellas se dicen a sí mismas: "estoy cambiando con la vida y lo acepto con gracia, porque cambiar es lo único seguro que existe".

El nivel de energía 350: dominado por la aceptación

A este nivel de energía las personas saben y están conscientes que son las creadoras y las responsables de sus vidas. Estas personas se expresan así: "Yo soy la escritora, la guionista, la actriz y la directora de todos los proyectos de mi vida. Mi vida es bella, y siempre se dirige con una dirección positiva y para mi beneficio y satisfacción".

A partir de aquí, están los niveles energéticos de **la razón (400), el amor (500), el gozo (540), la paz (600), y los niveles energéticos 700-1,000: que implican la iluminación** (estos últimos niveles son alcanzados por los humanos trascendentes, como Teresa de Calcuta, Luther King, Nelson Mandela, Juan Bosh y otras).

En este universo energético sistémico todos los humanos nos "cargamos" unos a otros, sin importar mucho el nivel de energía que vivamos en nuestras vidas personales cotidianas.

Vivimos y somos partes esenciales de un universo fascinante y maravilloso. Y la vida que vivimos está intrínsecamente matizada por el nivel de energía en que la vivimos.

Nuestra vida es bella

Nuestra vida es bella sin importar el nivel de energía en que la vivimos. Pero nosotros atraemos y tenemos en la vida lo que merecemos, no necesariamente lo que deseamos tener en ella.

Merecer en el párrafo anterior significa creer y sentirse digno y merecedor de las cosas buenas de vida, y pensar, sentir y actuar como una persona merecedora.

La vida y el universo nos regalan solamente aquellos hechos, cosas, personas y situaciones buenas que nosotros realmente creemos merecer.

El universo del que somos parte es perfecto, siempre tiene la razón, no existen desperdicios energéticos y todo se transforma en algo diferente y nuevo cada instante.

La ley de la atracción es tan poderosa en nuestra vida como lo es la ley de la gravedad. Ambas son intangibles y no podemos valorarlas con nuestros sentidos físicos. Pero la calidad de la vida cotidiana que vivimos está determinada por la calidad de las energías que poseemos y que son predominantes en nuestra vida.

Práctica terapéutica

La depresión es tratable y tiene una prognosis positiva.

¿Cómo podemos prestar atención a esta energía?

Primero, si hemos luchado o estamos batallando con síntomas depresivos, nuestro primer paso es reconocerlo.

Podemos empezar diciéndonos:

"Yo (tu nombre), he estado luchando contra la depresión..."

Solo ese acto de reconocimiento empieza un proceso liberador dentro de nosotros.

Segundo, decidimos y tomamos la firme decisión de buscar ayuda profesional para tratar nuestros síntomas depresivos.

Podemos empezar este proceso indagando con nuestro doctor, amigos confiables y la asociación o colegio de psicólogos en nuestro país o ciudad.

Existen psicólogos clínicos especializados en tratar la depresión, y hay al menos uno/a que nos encantará visitar y quedarnos allí para tratar nuestra depresión profesionalmente.

Por lo general, la baja energía está relacionada con una depresión no tratada efectivamente.

El arte de sanar los traumas de la niñez nos invita cortésmente a tratar nuestra depresión, que generalmente está conectada a eventos traumáticos ocultos en nuestros inconscientes.

La enfermedad mental denominada codependencia se aprende durante la niñez, cuando personas significativas para los niños, de forma sistemática, impiden y bloquean las expresiones saludables de la vida emocional de los niños. En la vida adulta, estos niños no saben cómo ser personas emocionalmente inteligentes.

Nuestro niño precioso: Cómo liberarnos de las emociones y las conductas codependientes.

La mayor cantidad de las memorias de nuestras historias de vida en la adultez, están escondidas en los hechos, eventos y situaciones que nos ocurrieron durante la niñez, particularmente, entre los 0 y 10 años de esas fases del desarrollo humano.

Todos los adultos somos niños creciendo

Todo lo que somos como adultos está escondido y es una manifestación de nuestra niñez. Todos los adultos somos niños crecidos, y el período de la niñez es precioso, inocente, creativo, imaginativo, sano y perfecto.

Las etapas humanas de la niñez están llenas de fantasías y sueños, y son milagrosas por sí mismas.

La vida entera de todo ser humano está escondida en la niñez. Es decir, las formas de pensar, sentir, emocionarse y comportarse de un adulto son manifestaciones tangibles de lo que ese adulto vivió en su niñez, particularmente, entre cero y diez años de edad.

En esta porción del libro solo quiero enfocarme en una conducta que contiene los sueños, los deseos, las aspiraciones y las ambiciones de millones de adultos. Esa conducta perniciosa, que algunos profesionales denominan y describen con toda propiedad como una enfermedad, es la codependencia.

La codependencia, la libertad y salud emocional

Toda codependencia es aprendida durante la niñez.

Pero además, toda codependencia está originada en alguna forma de abuso en la niñez, sea abuso físico, emocional, intelectual, psicológico, socio-cultural o espiritual. Es decir, algún adulto impidió o bloqueó al niño para que este expresara sus emociones saludablemente.

¿Cuáles son los síntomas más claros de la enfermedad mental o carencia de salud emocional llamada codependencia, y que se origina en la niñez y se manifiesta en la vida adulta?

Primero, una dificultad o inhabilidad para experimentar y mostrar niveles apropiados y efectivos de autoestima. En los adultos codependientes su autoestima y concepto de si fueron atrofiados y mutilados durante su niñez.

Todos los adultos codependientes y que están conscientes de que lo son, poseen una autoestima pasiva, disminuida, pobre, baja y negativa.

Segundo, una dificultad o inhabilidad de establecer límites funcionales y sanos en sus relaciones interpersonales. Sin estos límites emocionales, psicológicos, físicos, sexuales, intelectuales, socioculturales y espirituales, no es posible disfrutar de una vida adulta saludable.

Todos los adultos codependientes y conscientes de que lo son, tienen serias dificultades poniendo límites para sí, y traspasando los límites de los demás sin permiso para hacerlo.

Tercero, una dificultad o inhabilidad para poseer y disfrutar de sus propias vidas como adultos sanos.

La tarea número uno de un adulto es la de ACOMODARSE en esta tierra y en el universo al que decidió venir. Esto significa, acomodar su cuerpo físico, sus pensamientos, sus afectos, sus conductas y su espiritualidad. Y para acomodarse, es necesario poseer y disfrutar plenamente la vida que se tiene y vive, siendo feliz y sintiendo satisfacciones con todas las decisiones hechas.

La mayoría de las personas codependientes y que están

inconscientes de que lo son, se sienten miserables e infelices, y escogería no haber nacido.

La codependencia inhabilita la vida adulta en estas tres áreas que son pilares para poder vivir una vida satisfecha y feliz sobre esta tierra y en el universo.

La enfermedad mental o la carencia de salud emocional de la codependencia es tratable y curable, pero es preferible tratarla antes que ella conduzca a sus víctimas a otras adicciones más severas, como el alcoholismo, la drogadicción, las adicciones sexuales y otras. Todas estas y otras adicciones perniciosas de la vida son hermanas gemelas de la codependencia, que no tratada apropiadamente, se aparea con otras conductas codependientes.

Práctica terapéutica

Los patrones de la codependencia se aprenden durante la niñez, particularmente de los modelos significativos que no nos permiten expresar nuestras emociones saludablemente.

Estas son algunas ideas para romper con patrones emocionales de la codependencia.

1. Hacernos conscientes y observar cómo expresamos nuestras emociones al interactuar y relacionarnos con otros.
2. ¿Honramos y validamos nuestras emociones, o solamente validamos las emociones de los demás?
3. ¿Cómo se sienten nuestros cuerpos cuando expresamos nuestras emociones dentro de nuestras interacciones y relaciones significativas?
4. ¿Podemos mostrar y expresar asertividad cuando alguien viola nuestros límites, o nos sentimos culpables, avergonzados, tímidos y permitimos que suceda constantemente?
5. ¿Nos resulta fácil decir "no" y mantener esa actitud cuando lo que realmente queremos que pase es un "no" en esas situaciones y circunstancias de la vida?
6. ¿Te resulta fácil decir que sí a situaciones, circunstancia y a personas, que realmente deseas decir "no"?

El arte de sanar los traumas de la niñez necesita de la colaboración de un profesional competente para que nos ayude a romper con los patrones conductuales de la codependencia.

La vida de cada persona se expresa y es lo que cada ser humano piensa y siente de forma consistente acerca de sí mismo, sus circunstancias, otras personas y la vida en general.

¡Pensamos unos 60.000 pensamientos por día: podríamos aprender a utilizar la mayoría de ellos para amarnos incondicionalmente y ser felices!

Escribí este libro después de practicar por muchos años el arte de sanar los traumas de la niñez en mi propio vida, y las ideas que expongo aquí me han dado resultados positivos.

Los lectores que leen mis libros saben que yo doy una importancia primordial al cerebro humano y a los pensamientos que este genera. Los grandes avances actuales de las neurociencias me han dado la razón sobre este énfasis. Todo lo que somos y hacemos es creado y generado de alguna forma por nuestro cerebro.

Presento a continuación algunas ideas sobre nuestros pensamientos que están relacionadas de alguna manera con el arte de sanar los traumas de la niñez.

Primera idea: pensamos unos 60,000 pensamientos cada día, una gran cantidad de ellos repetidos creando un ruido enorme en nuestras mentes. De ellos, unos 50,000 pensamientos los usamos para hablarnos a nosotros mismos como una especie de auto conversación o diálogo interno. Es decir, que conversamos con nosotros mismos constantemente.

Aquí está el punto álgido al que debemos ponerle atención especial: nuestras autoconversaciones o diálogos internos

Ochenta de cada cien pensamientos que nos decimos a nosotros mismos son pensamientos negativos, no positivos. Literalmente, estamos utilizando nuestras autoconversaciones para envenenar e intoxicar a ambos, nuestra vida consciente y la inconsciente.

Es como dijo Nelson Mandela: mantener resentimientos es como beberse un veneno, y esperar que el veneno va a matar al enemigo.

Estas son algunas de nuestras autoconversaciones o diálogos internos:

-Que estúpido soy-; -No sirvo para nada-; -Soy un fracasado -; -Soy un pobre diablo-; -Mi vida es un desastre-; -Nadie me quiere-; -No tengo suerte-;-Nadie me aprecia-; -Soy demasiado feo, bajo, alto, pobre, sin educación-; -Valgo poca cosa-; -Nadie me presta atención-; -No lograré nada en la vida-.

Los vampiros psíquicos nos agotan

Una gran cantidad de las personas de nuestro pasado, y quizás todavía en el presente, son **"vampiros psíquicos"**, es decir, personas que lo único que hacían era robarnos nuestras energías positivas y transmitir energías negativas por medio de sus pensamientos, creencias y palabras. Muchas de esas ideas negativas hacia nosotros mismos las hemos aprendido de estas personas.

Este libro nos plantea que ha llegado la hora de liberarnos de nuestros vampiros psíquicos, los del pasado y los del presente. Tenemos que hacer un esfuerzo constante para juntarnos y compartir solamente con personas que nos den energías positivas, y evitar los "vampiros psíquicos" que nos roban esas energías en nuestro vivir cotidiano.

Las personas ladronas de sueños

Tenemos que evitar a otros tipos de personas muy peligrosas que yo llamo **"ladronas de sueños"**. De ellas también hemos aprendido a pensar negativamente acerca de nosotros mismos. Estas personas son "especialistas" en aconsejarnos en la mejor vida "que nos conviene para que no suframos en esta tierra", siempre y cuando esa "mejor vida" para nosotros no incluya sueños grandes.

Para esas personas, ladronas de sueños, nosotros no tenemos el derecho de tener sueños grandes que deseamos y merecemos alcanzar y realizar en esta tierra. Tenemos que evitar a esas personas y juntarnos con personas que tienen sueños grandes para sus vidas y están trabajando para realizarlos. Estas últimas personas deben ser nuestros mentores y modelos de la buena vida que merecemos tener y podemos lograr sobre esta tierra. Debemos juntarnos con personas que nos inspiren a tener sueños grandes y a lograr grandes cosas para nosotros.

Segunda idea: tenemos que sacarle el veneno y desintoxicar nuestro subconsciente e inconsciente. Tenemos que dedicar recursos a esta importante tarea que nos traerá grandes beneficios en la vida.

Aprendimos a envenenar e intoxicar el subconsciente y el inconsciente durante la niñez y la adolescencia con los mensajes que recibimos de algunas personas adultas. Estos mensajes negativos se almacenan en nuestros subconsciente e inconsciente, y nos hacen sentir y percibir a nosotros mismo como que:

-No somos merecedores de recibir y poseer cosas buenas de la vida; -somos indignos de tener lo mejor de la tierra y el universo; -somos inadecuados, nos falta algo, no estamos completos; -estamos abandonado en el universo, tal y como nuestros padres nos abandonaron no proveyéndonos los recursos para una buena vida; -no podemos hacer nada bien y tener éxito en la vida, porque somos un fracaso; -no llegaremos a nada en la vida porque somos estúpidos, imbéciles, idiotas e ignorantes según nos dijeron en la niñez; -somos feos, deformes, y sin ningún atractivo para los demás, y no tenemos nada que compartir con otros; -somos miserables, pobres, infelices, desdichados, y eso es lo que seremos durante toda la vida, porque eso fue lo que nos dijeron en la niñez; -no podemos cambiar nuestra vida, porque nacimos para sufrir, ser infelices, no ser amados, ser un hazme reír, ser pobres, y vivir en necesidades y carencias.

Nuestros subconscientes e inconscientes reciclan los mensajes de inmerecimiento

Todos estos mensajes y otros similares que recibimos y aceptamos como nuestros nos crean y mantienen un subconsciente e inconsciente pasivos, no proactivos, que refuerzan y nos hacen creer en la necesidad y la carencia como nuestra parte en la vida, en lugar de la abundancia y la prosperidad. Y de esta manera, nuestros subconscientes e inconscientes se creen inmerecedores e indignos, cuando deberían creerse merecedores de todas las cosas buenas de la tierra y el universo.

Nuestros subconscientes e inconscientes regalan para atrás al consciente y a nuestra vida presente los contenidos de los mensajes que poseen.

Nuestros subconscientes e inconscientes filtran y nos regresan para atrás lo mismo que depositamos en ellos. Si nuestros subconscientes e inconscientes están intoxicados y envenenados, todos los mensajes que recibe nuestro consciente estarán también intoxicados y envenenados. Por eso sentimos que nuestra vida está estancada y sin progreso, como un charco que no recibe nuevas aguas para renovarse.

Los mensajes de la niñez se repiten en la adultez

Estamos repitiéndole a nuestros subconscientes e inconscientes los mismos mensajes que recibimos en la niñez, y nuestros subconscientes e inconscientes están enviando para atrás esos mismos mensajes a nuestra vida consciente adulta.

Estamos en un círculo vicioso y tenemos que romperlo y salir de él. Tenemos que cambiar el resentimiento por la ternura, la amargura por la dulzura, el enojo por el gozo, el miedo por el amor, la desconfianza por la seguridad, la tristeza por la alegría, la ira por el perdón, el rencor por la paz, la desarmonía por sincronía con el universo y Dios o Ser Supremo. Tenemos que reemplazar nuestros pensamientos, creencias, emociones y palabras limitantes, por pensamientos, creencias y palabras que nos expandan, crezcan y que nos hagan seres infinitamente sabios e inteligentes.

Nuestra tarea consiste en sanar y desintoxicar nuestros subconscientes e inconscientes poniéndoles nuevos pensamientos, nuevas creencias y nuevas palabras. Tenemos que transformarnos en seres paranoicos invertidos que crean definitivamente en el siguiente mensaje:

todas las personas y el universo están en una trama para traernos bienestar, no para hacernos daño. Somos importantes, valiosos y merecemos lo mejor de la tierra y el universo. Vinimos a la tierra para ser felices, no para sufrir y vivir una vida de miseria.

Disponemos del poder en el presente para revertir todos esos mensajes negativos de nuestros subconscientes e inconscientes, y llenarlos de pensamientos, creencias, y palabras positivas, alentadoras, motivantes e inspiradoras. La lectura de este libro es un peldaño para transitar ese camino maravilloso y mágico de la transformación personal.

-

Héctor Williams Zorrilla

Práctica terapéutica

Nuestras autoconversaciones o diálogos internos, es decir, las cosas que nos decimos a nosotros mismos, proceden de los pensamientos que pensamos acerca de nosotros mismos. Ellas son carreteras neuronales o hábitos que hemos creado en nuestros cerebros.

¿Cómo podemos aprender a tener autoconversaciones más positivas, felices y amorosas?

1. Dedicándonos a mostrarnos más auto amor.
2. Podemos ser más conscientes de los mensajes de nuestras autoconversaciones.
3. ¿Cuáles palabras utilizamos para hablarnos? ¿Al hablarnos a nosotros usamos palabras amorosas y de aceptación, o de rechazo y crítica?
4. Podemos aprender a interrumpir el piloto automático de nuestras autoconversaciones con gestos físicos de nuestros cuerpos.
5. Por ejemplo, ponernos de pie o sentarnos por unos segundos, dependiendo de las autoconversaciones. Podemos salir a caminar por unos minutos, o darnos una ducha, escribir en nuestro diario, practicar yoga o meditación, o tener una agradable conversación con un amigo.
6. La idea central es que movamos las energías de las autoconversaciones hacia lo positivo, amoroso y de aceptación hacia nosotros mismos.

El arte de sanar los traumas de la niñez transitan por los caminos de que aprendamos a pensar pensamientos amorosos y positivos hacia nosotros, para así poder hablarnos con ternura, aceptación y amor.

Las percepciones de estar "estancados" son estados mentales que pueden superarse gradualmente, entrenando nuestras mentes a poseer y expresar una actitud mental positiva. Si nos resulta difícil lograrlo por nosotros mismos podemos buscar la colaboración profesional de un buen terapeuta, coach o mentor.

¡Nuestra vida es bella y nunca está estancada...!

Miraba el pequeño lago frente a donde vivo y vi las aguas moverse sigilosas por las fuerzas de la brisa, los árboles danzar alrededor de las aguas cristalinas, y entonces pensé en la vida...

Héctor Williams Zorrilla

La vida es como un río fluyente

La vida es como un rio fluyente en constante movimiento trazando sus pautas por las rutas de menor resistencia, dirigiéndose al lugar que lo llama: el océano.

La vida nunca está estancada, sino, en un constante movimiento hacia algo mejor.

La vida es como las olas del océano

La vida se parece a las olas del océano, cambiando constantemente. La palabra inercia no existe en el diccionario de la vida.

La mayoría de las células de nuestros cuerpos se renuevan y son nuevas cada nuevo día. En realidad, poseemos un nuevo cuerpo cada segundo.

Cada nuevo AHORA de la vida contiene nuevas posibilidades y probabilidades. Y cada ahora tiene el poder de crear y crea nuevas formas de vida.

La vida está en movimiento constante.

La vida en todas sus formas y matices está en movimiento y en constante cambio. "Todo se mueve" y deja espacios para que lo nuevo siga su curso. Todos los ciclos de la vida son novedosos y contienen sus propios retos creativos.

La vida, todas formas de vida, es energía en constante movimiento. Se mueve la luz, el agua, la brisa, el tiempo, el espacio, la cultura, los grupos, las organizaciones, las sociedades, el sol, la luna, los planetas y el universo. Todo se mueve dejándole espacios a lo nuevo de la vida para que ocupe su lugar.

La vida crea algo nuevo constantemente

Todo lo que está vivo es energía y se mueve. Pensamos unos 60,000 pensamientos por día, y todos se mueven, cambian, crean cosas, circunstancias, eventos, situaciones, relaciones, emociones, sentimientos, y acciones. Cada nuevo pensamiento crea nuevas formas de vida que a vez generan otros pensamientos con nuevos matices de vida.

El cerebro humano produce unos 4000.000 millones de acciones por segundo

Nuestra vida es bella y nunca está estancada. El estancamiento de la vida es imposible que suceda, porque nuestro cerebro es capaz de producir unos 4000,000 millones de acciones por segundo.

Podemos recordar que nuestra mente es el terreno, y que nuestros pensamientos son las semillas que producen el árbol de nuestra vida, como explica uno de los libros que escribí ("El árbol de tu vida: tu mente es el terreno, tus pensamientos son las semillas"). Y que el árbol de nuestra vida se renueva cada segundo para nuestro beneficio.

Práctica terapéutica

La meditación del riachuelo hacia el océano

Vayamos a un lugar que nos provoque tranquilidad y serenidad.

Estemos conscientes de que estamos respirando en ese momento.

Para hacerlo, observamos nuestro estómago subir y bajar mientras inspiramos y expiramos.

Nuestro estómago se infla y se desinfla, y sentimos el aire salir y entrar por nuestra nariz.

Nos quedamos así por sesenta segundos.

Y observamos a nuestro estómago subir y bajar, y al aire entrar y salir por nuestra nariz.

Y entonces imaginamos a un diminuto riachuelo salir de una roca al pie de la montaña.

Y empezamos a seguirlo, mientras al riachuelo se unen otros riachuelos, y crece, crece más y más, y se transforma en un pequeño arroyo.

Los sonidos del arroyo rozando las piedras deleitan a nuestros oídos.

El arroyo ya es un río caudaloso pero cristalino y vivaz.

Miramos a la distancia, y observamos que el río ha llegado a su destino final: unirse al océano azul y transparente.

Abrimos los ojos, y nos sentimos energéticos y positivos.

La meditación es un recurso poderoso como una práctica para el arte de sanar los traumas de la niñez.

Quien no sabe hacia dónde se dirige, nunca estará seguro de a dónde ha llegado y ni dónde se encuentra en la vida.

Poseer una visión proactiva de la vida es la clave para desarrollar y ejecutar un proyecto de vida efectivo.

Nuestra visión proactiva de la vida tenemos que conectarla con nuestras aspiraciones, expectativas y motivaciones.

La mayor parte de las cosas importantes y muy importantes que los humanos dejamos de realizar, y que están en nuestros mapas y proyectos de vida para ejecutarlas sobre esta tierra, las dejamos de realizar no porque nos falten conocimientos y experiencias, **sino, porque carecemos de niveles apropiados y efectivos de aspiración, ambición, motivación e iniciativa para emprenderlas.**

La depresión no tratada es enemiga del emprendimiento humano

El enemigo número uno de la aspiración, la ambición y la iniciativa es la depresión no tratada profesionalmente. Los síntomas depresivos prolongados y sin tratar matan poco a poco las aspiraciones, las ambiciones y las iniciativas que forman parte esencial de nuestros sueños en la vida. **Y caemos en la rutina y la apatía, y el desgano se traga todo lo que aspiramos y ambicionamos en la vida.**

¿Que significa poseer aspiraciones, ambiciones iniciativas en la vida?

Entre otras cosas significa que mantenemos encendidas las chispas psicoafectivas que todos los humanos llevamos dentro, y que nos guían y dirigen hacia la vida de nuestros sueños.

Los sueños intangibles que llevamos dentro

Estas chispas son el combustible y el motor que generan las energías que mantienen a los humanos en el curso y en la dirección para lograr y realizar la vida que vinimos a vivir a esta tierra. **Nuestras aspiraciones, ambiciones e iniciativas nos mantienen moviéndonos constantemente hacia nuestras metas proactivas, hasta hacer realidad los sueños intangibles que llevamos dentro.**

La guía de nuestro GPS interno

Los seres humanos venimos a la tierra con una dirección positiva dentro de nosotros, con una brújula, con un "GPS" que nos indica paso a paso hacia dónde tenemos que dirigirnos y qué tenemos que hacer para realizar cabalmente nuestro proyecto de vida en esta tierra. A veces nos extraviamos por momento, pero de nuevo, nuestro "GPS" interno nos saca y guía al camino y a la jornada correcta en dirección hacia nuestro destino.

Pero solamente podemos mantener nuestro "GPS" interno trabajando apropiadamente, si lo alimentamos constantemente con el combustible y el motor encendido de la aspiración, la ambición y la iniciativa.

Los seres humanos que han permitido la muerte de sus aspiraciones, ambiciones e iniciativas de vida, son seres humanos que ya murieron, aunque sigan vivos.

Práctica terapéutica

Tenemos un GPS interno para guiarnos hacia nuestro propósito para vivir.

Pero nuestro GPS interno solo nos puede ayudar si conscientemente creamos un proyecto de vida o mapa con su territorio para vivir.

¿Cuáles son los aspectos importantes de nuestro proyecto de vida? ¿Estamos totalmente conscientes que nuestra vida se dirige guiada por él? ¿Cada vez que realizamos elementos de nuestro proyecto de vida lo agradecemos porque sabemos que hemos llegado a donde planeamos llegar?

Sin un proyecto de vida claro, aunque lleguemos a donde nos gustaría estar, no lo sabremos, porque transitamos la vida sin rumbos precisos.

Poseer y aprender a utilizar nuestro GPS interno es un aspecto crucial del arte de sanar los traumas de la niñez.

Nuestra zona confortable no es la mejor compañía en nuestro tránsito hacia la plena felicidad y el éxito sostenible.

Nuestra zona confortable nos ayuda a sobrevivir, pero no contribuye para que vivamos una vida de excelencia y felicidad rebosante

Los seres humanos poseemos una zona confortable que aprendemos en el transitar por la vida. Ella es el eje central que controla nuestros pensamientos creadores, nuestros afectos (emociones y sentimientos), y finalmente, nuestras conductas cotidianas. En los primeros años de la niñez la zona confortable no existe, porque en la imaginación creativa de la niñez TODO ES POSIBLE...TODO.

Definición de nuestra zona confortable

Pero, en el proceso del vivir aprendemos unas zonas confortables que manejan y controlan nuestros retos, nuestros miedos, nuestra visión de la vida, qué podemos crear con nuestros pensamientos, lo que podemos hacer con nuestros cuerpos, cómo vivimos nuestra sexualidad, nuestros atrevimientos, aspiraciones, deseos, caprichos, ilusiones, expectativas, ambiciones y sueños.

Nuestra zona confortable

Nuestra zona confortable nos enseña a sobrevivir en la vida y a ser sobrevivientes, por lo general, viviendo una vida muy por debajo de la que deseamos, aspiramos, soñamos, podemos y merecemos vivir sobre esta tierra.

En muchos aspectos, la zona confortable es una hermana gemela de la mediocridad. Ella nos empuja constantemente a vivir vidas mediocres, porque nosotros le cedemos el control y la dirección para hacerlo.

Nuestra zona confortable es parte de nuestros sistemas de pensamiento

Es difícil combatir a un enemigo que se ha posado en nuestra cabeza (cerebro, mente, pensamientos, creencias, percepciones, emociones) y vive en ella.

Nuestra zona confortable es parte de la materia prima de los procesos del pensamiento, y todo lo que creamos en nuestras vidas se origina primero en nuestros pensamientos. Esta es la razón principal por la que nuestra zona confortable la sentimos ser tan poderosa. Cuando estamos dominados por ella, vivimos la vida en un ciclo de hábitos y costumbres que nos dan "seguridad", porque ella nos provea un "hábitat" cómodo y seguro.

Nuestras debilidades controladas

Nuestra zona confortable se basa y apoya en nuestras debilidades controladas, no en nuestras fortalezas, y es por eso que la sentimos tan natural y cómoda. Veamos algunos ejemplos: nadar en la misma piscina que hemos nadado cada día por veinte años, transitar por los mismos caminos y lugares, hacer las mismas cosas que hemos hecho por años y de las mismas maneras.

Las zonas confortables son carreteras neuronales que hemos construido en nuestros cerebros para sentirnos cómodos al transitar por ellas.

Las zonas confortables podrían ayudarnos a vivir vidas sin excelencia

Para vivir una vida de excelencia, que es nuestra vocación y parte de nuestro proyecto de vida, tenemos que abandonar la "ciudad confortable" y caminar en el desierto de la intuición y lo incierto, pero a nuestra zona confortable no le agrada para nada este reto. Cuando nos extendemos más allá de nuestra zona confortable, descubrimos lugares maravillosos al otro lado de las imposibilidades, y nos adentramos a los territorios de quiénes somos realmente. Y al hacerlo, descubrimos que somos seres con capacidades y habilidades cuasi ilimitadas e infinitas.

Cuando traspasamos nuestras zonas confortables, descubrimos que la "realidad", los eventos y las circunstancias no cambian por sí mismas, sino, que nosotros cambiamos, y al mismo tiempo cambiamos nuestras realidades de la vida. Aprendemos que nada nos sucede "al azar", sino que nosotros proactivamente creamos constantemente nuestras vidas usando nuestros pensamientos y creencias creadoras. Y aprendemos que todo es posible en este universo infinitamente rico y abundante del cual somos componentes intrínsecos.

Nos movemos con coraje de las zonas confortables

Cuando nos movemos con coraje, valentía y amor más allá de nuestras zonas confortables, aprendemos que la vida sigue su curso, sea que seamos cobardes o héroes. En este espacio aceptamos la vida tal como es, sin cuestionarla, porque todo tiene propósito para nosotros.

Todo lo que rechazamos como doloroso contiene un significado bello para nuestras vidas al final.

Porque descubrimos que hemos decidido venir a la tierra para aprender lecciones importantes. Y que cada momento del ahora de la vida es una oportunidad para aprender nuevas lecciones enriquecedoras, incluso, en medio del dolor no conscientemente elegido.

En este lugar aprendemos que todo lo que realmente poseemos es el momento del ahora.

Nuestra zona confortable puede guiarnos hacia la mediocridad

Nuestra zona confortable posee el poder para guiarnos hacia la mediocridad, pero cuando la retamos y traspasamos con amor y valentía, nos dirigimos hacia la excelencia.

Para los seres humanos la excelencia es el eje central hacia donde nuestra vida cotidiana se dirige naturalmente.

Cuando traspasamos nuestras zonas confortables, paso a paso, dando pequeños pasos, descubrimos que nuestra vida es bella, divina, con propósito y siempre digna de la excelencia.

En esta jornada, podemos descubrir que hemos llegado a esta tierra para ser águilas volando en las alturas, no serpientes arrastradas.

Práctica terapéutica

Cada ser humano hace lo mejor que puede con los recursos que posee a su disposición en sus momentos, incluyendo a nuestros padres.

Debido a eso, no debemos criticarnos con dureza, sino aceptarnos incondicionalmente.

Nuestra zona confortable solo explica el nivel de vida que poseemos en cada momento y etapa que la vivimos.

1. Estamos bien donde nos encontramos en ese momento, y el entendimiento de la vida que poseemos en esa etapa.
2. Lo aceptamos y pedimos más entendimiento para seguir hacia adelante entrando por nuevas puertas abiertas por la vida para nosotros.
3. Nos movemos con confianza y tranquilidad en los nuevos territorios de nuestro proyecto de vida.

Crear nuevos espacios seguros y confiables a nuestro proyecto de vida es un componente vital del arte de sanar los traumas de la niñez.

La vida que deseamos vivir la llevamos dentro de nosotro, en nuestra esencia vital o YO, mientras que las personas, situaciones y circunstancias de fuera son solamente espejos para indicarnos nuestros mejores o peores posibles modelos a la hora crearla.

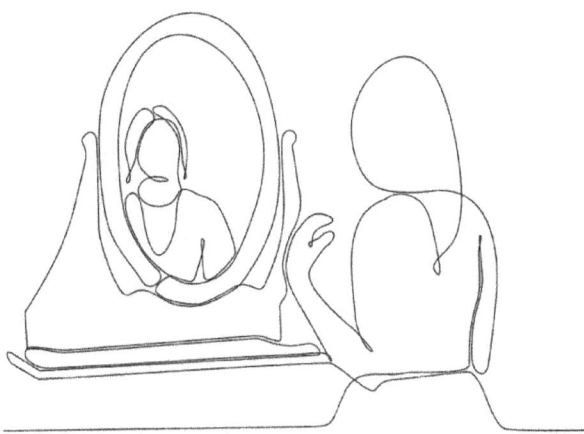

¡Vivir la vida que deseamos: la balanza de nuestros pensamientos tiene que inclinarse hacia lo que poseemos y deseamos tener en la vida ahora…!

Como seres humanos poseemos el mejor sistema emocional en el universo. Y aprender a interpretarlo es simple: todas las emociones o sentimientos que nos hacen sentir incómodos, infelices, desdichados, miserables y con poco poder personal, nos indican que estamos en el lugar equivocado, en la relación equivocada, en el trabajo que no nos pertenece, y que estamos en el momento preciso para dirigirnos al lugar de la vida donde deseamos y merecemos vivir.

Las neurociencias confirman que todas nuestras emociones emanan de nuestros pensamientos. Nuestro perfecto sistema emocional nos indica claramente lo que estamos pensando acerca de nosotros, la pareja, la energía del dinero, la sexualidad, el trabajo, el cuerpo, la familia, los amigos, el pasado, presente, o futuro, la cuenta bancaria, la situación financiera o de trabajo o profesión, los jefes en el trabajo, el país, la sociedad, la vida, y la humanidad,

Nuestro perfecto sistema emocional

Si nos sentimos cómodos, saludables, energéticos, positivos, optimistas, dichosos, felices, complacidos, satisfechos, es porque estamos pensando pensamientos de esas categorías que provocan en nosotros esas formas de emociones. Y todos los seres humanos medianamente saludables prefieren estar y permanecer en los lugares emocionales donde se sientan satisfechos y cómodos.

La ley fundamental de los pensamientos dice que todo lo que pensamos consistentemente lo atraemos a la vida de manera literal y física. Nuestro perfecto sistema emocional nos indica si lo que estamos atrayendo a nuestra vida es lo que realmente deseamos tener en ella o no. Si nos sentimos infeces, miserables, insatisfechos, pesimistas, estamos en el lugar equivocado de la vida.

Nuestros pensamientos son vibraciones energéticas

Los seres humanos somos literalmente imanes energéticos. Las vibraciones energéticas de nuestros pensamientos tienen un punto de encuentro con la ley universal de la atracción. La ley de la atracción atrae y manifiesta para nosotros todo aquello en lo que pensamos más consistentemente.

La ley de la atracción es generosa, no discrimina ni tampoco filtra nuestros pensamientos

Si tenemos muchos pensamientos negativos, pesimistas, de infelicidad, amargura, resentimiento, odio, recelos, dudas, rencor y carencia, la ley de la atracción nos trae más de eso mismo, para que tengamos más de las energías que enviamos a la divinidad y al universo. Si deseamos saber cuáles son las categorías de nuestros pensamientos, es decir, en qué pensamos más, solamente tenemos que observar cómo nos sentimos, y qué se está manifestando más en nuestra vida cotidiana.

Aprender a elegir los mejores pensamientos

Tenemos que aprender, y lo podemos aprender fácilmente, a elegir nuestros mejores pensamientos en cada momento de tu vida, y podemos hacerlo hasta cuando estemos dormidos. Cada pensamiento que pensamos crea algo, y podemos saber si lo que estamos creando nos beneficia o no, interpretando nuestro sistema emocional.

Podemos elegir pensar nuestros mejores pensamientos

Podemos aprender a pensar más en lo que poseemos y deseamos tener en la vida, y no en nuestras carencias, o en lo que no deseamos tener en ella. Podemos empezar agradeciendo lo que ya poseemos.

Un buen ejercicio para comenzar en una actitud de gratitud, es escribiendo cien (100) cosas que ya poseemos y estamos agradecidos de tenerlas en la vida. Si estamos leyendo este escrito, ya poseemos una de las cien.

Podemos aprender a pensar más en lo que nos hace sentir cómodos y nos trae bienestar.

Si hemos aprendido a tener pensamientos masoquistas y sadistas acerca de nosotros mismos, poco a poco podemos sanarnos y liberarnos de esas formas de pensar. Si revisamos nuestro sistema emocional cada vez que tengamos pensamientos masoquistas y sadistas, las emociones y sentimientos que experimentamos nos indican si realmente deseamos estar en ese lugar, o si deseamos movernos a otro lugar que nos traiga más bienestar a la vida.

Tenemos que saber hacia dónde nos dirigimos en la vida.

Para vivir la vida que deseamos y merecemos tenemos que saber hacia dónde se inclina la balanza de nuestros pensamientos, y nuestro sistema emocional nos lo indica claramente. Somos imanes energéticos, y cada pensamiento que pensamos crea y atrae algo a nuestra vida. Cada uno de nuestros pensamientos posee un punto de encuentro con la ley universal de la atracción.

La ley de la atracción nos trae y manifiesta a la vida más de los contenidos naturales de los pensamientos que pensamos más consistentemente. Si pensamos más pensamientos felices, poseemos más felicidad, más pensamientos saludables, más salud, más pensamientos de abundancia y prosperidad, más abundancia y prosperidad, más pensamientos optimistas y positivos, más optimismo y positividad.

Esta es una dinámica de la vida inviolable e inevitable debido a la ley de la atracción que gobierna el universo.

Debemos recordar que nuestra mente es el terreno, y nuestros pensamientos son las semillas que producen el árbol de tu vida, como dice el título de uno de mis libros ("El árbol de tu vida: tu mente es el terreno, tus pensamientos son las semillas").

Y el árbol de nuestra vida lo podemos renovar con cada pensamiento que pensamos para nuestro propio bienestar. Somos imanes energéticos, y cada uno de nuestros pensamientos contiene un punto de encuentro con la ley inevitable de la atracción. Nuestro sistema emocional nos indica las tonalidades de nuestros encuentros con la ley de la atracción.

Práctica terapéutica

Una de las bellezas de la vida es poseer en nuestros cuerpos un sistema emocional perfecto.

Por lo general, ni en las escuelas ni en las universidades nos enseñan a prestarle atención a este sistema emocional que es componente intrínseco de nuestra esencia humana.

¿Cómo funcionan nuestras emociones en relación a nuestros pensamientos? ¿En qué consiste nuestro sistema emocional? ¿Cuál es nuestro EQ? ¿Qué es ser emocionalmente inteligente? ¿Cómo afilamos y entrenamos nuestro sistema emocional para expresar nuestras emociones más efectiva y sanamente?

Todo este aprendizaje, entendimiento y conocimiento sobre nuestro sistema emocional está totalmente a nuestra disposición, y podemos transformarnos en personas emocionalmente más inteligentes.

El arte de sanar los traumas de la niñez envuelve que aprendamos a utilizar efectivamente nuestro sistema emocional, lo que nos permite ser personas con niveles elevados de inteligencia emocional.

Algunos seres humanos se han enfrentado a eventos y situaciones tan traumáticas que necesitan de atención y cuidado personal y profesional especiales para tratarse efectivamente, por ejemplo, personas abandonadas por los padres biológicos al nacer o durante la niñez.

El tiempo por sí mismo no sana heridas emocionales profundas, pero sí podemos utilizar el tiempo para sanarlas a un nivel que solo queden cicatrices que no duelan al tocarlas.

Capítulo 6.

El síndrome del abandono o heridas de abandono: algunos eventos y situaciones traumáticas difíciles de tratar.

Duele al pensar en el olvido que no puede olvidarse.

Duele al recordar las memorias que invaden los cuerpos como olas agitadas.

Duelen las heridas que pulsan con las venas y palpitan con el pulso.

Duelen las palabras pronunciadas pero que no se encuentran transcritas en los diccionarios.

Duele el amor de una sola vía que transita en las historias humanas inconclusas.

Duele el olor de las mañanas bañadas por el rocío de las noches soñolientas.

Duelen las heridas que no están cicatrizadas.

Las cicatrices no duelen cuando son ya relámpagos indicadores de tormentas que se alejan.

Héctor Williams Zorrilla

Existen eventos y situaciones que producen y dejan huellas traumáticas profundas de abandono y pérdida en las personas que las padecen.

Algunos de estos eventos traumáticos relacionados con el abandono, la pérdida, el apego y el rechazo, son:

1. Ser abandonado por los padres biológicos al nacer o en los primeros años de la niñez.

Aunque el síndrome de abandono no es parte diagnóstica en el DSM, se considera uno de los miedos más influyentes que afecta la pérdida, el apego, el rechazo, y la dificultad para que la persona afectada confíe en sus relaciones afectivas.

En su esencia vital más íntima las personas con este síndrome se sienten abandonadas, rechazadas y que no merecen ser amadas. Este síndrome puede también originarse en diversos tipos de traumas de la niñez, como son la pérdida de los padres, física o emocional, la negligencia y el abuso.

La dificultad para desarrollar apegos sanos y relaciones saludables, al igual que problemas para sentirse segura confiando en otras personas, son características que exhiben las personas con este síndrome.

Otros síntomas de este síndrome que se observan en las víctimas, son: el rechazo de las otras personas cuando se acercan emocionalmente, inestabilidad emocional, inseguridad, dificultad para regular y gestionar las emociones, apegos enfermizos, la necesidad de complacer a los demás, codependencia, miedo a la intimidad, ansiedad, depresión y auto sabotaje.

2. Recibir abuso sexual en la niñez por familiares, personas cercanas, o cualquier persona.

Este es uno de los eventos traumáticos que deja huellas emocionales profundas en las víctimas debido a que estos eventos violentan y violan los límites que contribuyen a desarrollar la identidad y la autoestima en cada ser humano. El abuso sexual es uno de los actos más violentos que un ser humano puede padecer, el cual sacude todas las fibras de su identidad.

3. Recibir maltrato físico y emocional por parte de los padres o personas significativas.

Estos eventos traumáticos, aunque poseen connotaciones y matices culturales, también crean dificultad para que las víctimas desarrollen su sistema emocional de forma saludable.

4. Perder los padres debido a accidentes, enfermedades, o suicidio durante la niñez o la adolescencia.

Las víctimas de estos eventos traumáticos presentan los mismos síntomas y características que describen al síndrome de abandono.

¿Cómo tratar el síndrome del abandono o heridas de abandono?

Este es un síndrome difícil de tratar, y para poder hacerlo profesional y efectivamente, se necesita de paciencia, alta motivación, y apoyo seguro y consistente.

Algunos de los elementos del tratamiento de este síndrome, son:

1. Validar y reconocer los sentimientos y las emociones que la víctima experimenta. Estas experiencias emocionales que trastornan el sistema emocional de las víctimas son legítimas.
2. Buscar ayuda profesional experta para procesar de manera segura las experiencias traumáticas, y desarrollar mecanismos saludables para liderar las emociones que estas provocan en el cuerpo. Todas nuestras emociones se almacenan en el cuerpo como memorias, que entonces se transforman en nuestras historias de vida.
3. Construir relaciones saludables que apoyen la confianza y den seguridad emocional. Esta parte del proceso es la más difícil para la víctima, porque desconfiar de los demás es un componente vital de su sistema emocional.
4. Practicar autocuidado que promueva el bienestar psicoemocional y físico. Algunas prácticas de autocuidado que promueven el bienestar psicoemocional, son: la meditación, yoga, ejercicios como caminar, correr, trotar, hacer jardinería, buenas lecturas, bailar y otras.
5. Aprender a retar los pensamientos, creencias, emociones, y actitudes negativas, y cambiarlas por otras positivas. La clave es aprender y practicar una actitud mental positiva en el diario vivir. El cerebro humano puede entrenarse a pensar pensamientos positivos y a percibir "el vaso medio lleno".
6. Aprender a poner límites saludables dentro de las relaciones. Este es un aprendizaje difícil para las víctimas de abuso, porque precisamente, sus límites han sido violentados.
7. Ser paciente, porque los problemas de abandono toman tiempo para sanarse. No solamente las víctimas en proceso de sanación deben ser pacientes, sino que, todas las personas en sus vidas tienen que ofrecer espacios seguros para que el proceso sanador fluya.

Al final del proceso de sanación las heridas emocionales originadas por estos eventos traumáticos quedarán en las memorias del cuerpo, pero solo como cicatrices sanadas que ya no sangran al tocarlas.

Muchas de esas cicatrices seguirán visibles para los demás, particularmente dentro de las interacciones y relaciones íntimas donde hay que exhibir emociones que han transitado procesos sanadores.

Pero las personas pueden hablar y conversar sobre sus cicatrices sin cargas emocionales pesadas, y aún relatar las historias que las originaron con desapegos emocionales.

Las heridas emocionales no cicatrizadas sangran cuando se tocan o se imaginan y piensan, las heridas emocionales cicatrizadas no sangran cuando se tocan o se imaginan y piensan, porque han sido sanadas y solo quedan sus marcas históricas en la vida psicoemocional de sus ex víctimas.

Una corta historia. Josefina

Josefina era una joven inteligente, estudiosa y físicamente hermosa. Al terminar la secundaria, ella quedó enamorada del diseño, el dibujo y la matemática.

Cuando inició la universidad, Josefina estaba clara de su pasión profesional y qué debería estudiar: arquitectura.

Pero ya a mitad de su carrera los síntomas emocionales que la habían atormentado toda su vida se acrecentaron. Josefina tenía una batalla constante con síntomas depresivos, ansiedad, desconfianza, inestabilidad emocional y sentirse rechazada y no aceptada por los demás. Ella solamente había podido establecer amistad con una única amiga desde la intermedia, Sabrina, quien también estudiaba arquitectura en la misma universidad.

Ellas conversaban sobre esos temas cuando estudiaban juntas.

"Ábrete más a los chicos" le repetía Sabrina en cada conversación sobre el tema, quien disfrutaba de una bonita relación romántica con Pedro, estudiante de medicina.

"No puedo, no confío en las personas" le respondía Josefina a su amiga cada vez que dialogaban sobre el tópico.

Un día, mientras cenaban en familia, en uno de esos momentos cuando Josefina se sentía abrumada por sus emociones, aprovechó para hablar con sus padres.

"Díganme, ¿por qué me siento casi siempre tan infeliz, y me resulta tan difícil acercarme a los demás y confiar en ellos?".

Sus padres se miraron y dejaron de comer, mientras pensaban si había llegado el momento para comunicarle a Josefina una historia que guardaron con ellos por 22 años.

La madre se paró y se sentó junto a Josefina mientras sostenía sus manos y la miraba con ternura.

Ese día, 22 años más tarde, Josefina aprendió de sus padres adoptivos que ella había sido abandonada por su madre biológica en la sala de maternidad del hospital donde ella nació.

Los tres fueron a terapia dos veces por semana por tres años, mientras Josefina terminaba sus estudios de arquitectura.

El proceso terapéutico fue exitoso, y Josefina fue capaz de procesar efectivamente todas las emociones que ese evento traumático había dejado en su cuerpo.

Hoy, Josefina es una arquitecta exitosa, está casada con Juan, también arquitecto, y tienen un niño de cuatro, y una niña de dos años de edad.

El arte de sanar los traumas de la niñez

En este libro hemos explicado que los síntomas del síndrome de abandono o heridas de abandono se almacenan en el cuerpo como memorias emocionales "atascadas" en el sistema emocional de las víctimas.

Las memorias emocionales "atascadas" no fluyen con la vida, y se transforman en emociones predominantes que bloquean el balance y la homeostasis emocional del cuerpo. El síndrome del abandono provoca que el sistema emocional de la víctima exhiba malestar emocional de manera constante.

La terapia sanadora se enfoca y dirige a cambiar esta dinámica del sistema emocional, de modo que, los síntomas del síndrome del abandono pierdan poderes que se puedan utilizar para crear balance y homeostasis emocional en el cuerpo de la víctima.

Este es un trabajo profesional que requiere de tacto, delicadeza, amor, paciencia y destrezas conociendo y gestionando el sistema emocional de todos los involucrados en el proceso, con énfasis en el cliente y el terapeuta.

La terapia sanadora implica e involucra a todas las historias de vida, pasado, presente, y futuro de la víctima en el proceso de sanación, como si este fuera una danza holística de bienestar emocional.

La terapia sanadora aplicada a las personas víctimas del síndrome del abandono es como una danza holística de bienestar psicoemocional, que si es efectiva, regresa los cuerpos a su homeostasis natural. Durante este proceso, las emociones "atascadas" se liberan de su prisión, y el sistema emocional de las personas se torna más saludable e inteligente.

Hechos terapéuticos importantes

1. Aunque Josefina no estaba consciente de lo que había sucedido en su historia de vida 22 años atrás, el sistema emocional de su cuerpo sí lo sabía. Los cuerpos no borran ninguna de sus memorias después que ellas son componentes vitales de las historias de vida de un ser vivo.
2. La historia de Josefina demuestra que ser afectada y vivir con eventos traumáticos no significa que la persona está incapacitada, y mucho menos, que no tendrá éxitos en su vida. Ella era una estudiante de arquitectura brillante batallando con su sistema emocional no balanceado.
3. El apoyo de personas significativas es fundamental para que el proceso sanador sea exitoso. Los padres adoptivos de Josefina vencieron sus miedos tan pronto ella les dio la oportunidad de hacerlo, al indicar que ella estaba preparada para conocer esa porción importante de su historia de vida.
4. Ninguna terapia sanadora será efectiva en estos casos si no existe un apoyo incondicional de todas las partes, internas y externas, y de todos los sistemas emocionales involucrados con el síndrome del abandono o heridas de abandono.
5. El éxito de la terapia sanadora que apoyó a Josefina se mostró en todas las áreas de su vida: su sistema emocional alcanzó balance y homeostasis, y su vida amorosa, familiar y profesional exhibieron estos cambios positivos.
6. Josefina es un ejemplo del verdadero significado de la sanación del síndrome del abandono o heridas de abandono.

Práctica terapéutica

No importa cuáles sean las ramificaciones emocionales del síndrome del abandono o heridas de abandono, porque las estrategias terapéuticas sanadoras se dirigen a su matriz originadora: balancear el sistema emocional del cuerpo que sus síntomas han trastornado.

Algunos elementos que benefician las estrategias terapéuticas sanadoras del síndrome del abandono o heridas de abandono, son:

1. Coraje para vencer el miedo a ser apoyado en el proceso sanador, porque el apoyo sano es parte intrínseca del proceso.
2. Motivación y disposición de danzar con el proceso sanador, aunque la danza parezca "ridícula" y sin sentido en ocasiones.
3. Fortaleza y determinación para soportar el dolor que el proceso de balance y homeostasis del sistema emocional del cuerpo produce. Cambiar este ritmo emocional para lograr que otras emociones se transformen en predominantes, es una tarea arquitectónica y de alquimia profesionales.
4. El apoyo y el reforzamiento constante de los cambios logrados, para que las nuevas carreteras emocionales que se han creado en el cerebro se fortalezcan y se tornen predominantes en el vivir cotidiano de la ex víctima del síndrome del abandono o heridas de abandono.

Una corta historia. María

La madre de Estela, María, fue abandonada por su pareja tan pronto ella nació.

María no deseaba ser una madre soltera, y cuando Estela cumplió 3 años de edad decidió casarse de nuevo con José, quien fue su compañero de estudio en la escuela secundaria. Durante la época de estudiantes, María nunca se interesó en José porque le parecía "un joven raro, ermitaño y poco atractivo", aunque él la miraba con intenciones amorosas sin decir palabras.

María y José salieron de cita en dos ocasiones, y en la tercera cita él le propuso matrimonio de rodilla y ella aceptó.

José aparentaba llevarse muy bien con Estela, y ella creía que él era su padre biológico.

Cuando Estela cumplió los 7 años de edad, María y José le explicaron que José no era su padre biológico, pero que sí la amada como tal.

Desde que Estela cumplió los 8 años de edad, José empezó a acariciar sus partes íntimas haciéndole creer que era parte de un juego secreto entre ellos dos.

Estela fue abusada sexualmente por su padrastro desde los 8 años de edad y hasta que cumplió 12, cuando ella le dijo que si seguía con ese juego se lo contaría a su madre. José detuvo el abuso sexual a Estela, pero este secreto, que nunca compartió con nadie, la transformó en una adolescente rebelde y decidida.

Estela era inteligente y terminó sus estudios secundarios con calificaciones excelentes a los 16 años de edad. Ella sentía pasión por la medicina, la aceptaron en la universidad para estudiar esa carrera, y se graduó como médico a los 24 años de edad.

Estela se especializó en psiquiatría con enfoque en el tratamiento de adolescentes víctimas de abusos. Además, fundó una organización sin fines de lucro para ayudar a las jóvenes víctimas de abuso sexual, y para realizar investigaciones en esa área.

El arte de sanar los traumas de la niñez

En ocasiones, un abuso puede llevar a una persona a sacar a flote su mejor versión y transformarse en un catalizador de cambios para detener esas formas de abuso.

El dolor posee el poder de transformarse en una energía que provee felicidad y bienestar a otros. La historia de la humanidad está llena ejemplos, incluyendo la del Dr. Viktor Frankl, Mahatma Gandhi, y Nelson Mandela.

Quienes han sufrido eventos traumáticos en sus vidas tienen los poderes de la resiliencia en sus propias manos. Y se tornan enteramente capaces, debido a sus experiencias de vida, de exhibir y practicar empatía y aceptación incondicional hacia otros que padecen o han experimentado estos eventos traumáticos.

Estela utilizó los eventos traumáticos de su abuso sexual para estudiar medicina y psiquiatría del adolescente, y para investigar y ayudar a jóvenes que experimentan estos tipos de eventos traumáticos.

Hechos terapéuticos importantes

1. Todas las familias poseen secretos, lo que se denomina "secretos familiares", que marcan indeleblemente las historias de las familias.
2. Una de las características de los secretos familiares, es la de que estos producen las emociones del miedo, la culpa y la vergüenza entre sus miembros.

3. El mayor porcentaje entre los abusadores sexuales de niñas y niños se encuentra entre los miembros de la misma familia, amigos cercanos y vecinos conocidos.

4. Probablemente, Estela estudió psiquiatría del adolescente como una manera primaria de sanarse a sí misma, y al parecer lo logró.

5. Además de tratamiento profesional efectivo, el proceso sanador de un abuso sexual necesita que la víctima posea la cualidad de la resiliencia.

6. Al transformarse en un catalizador de cambios, la persona que ha sufrido un abuso le imprime nuevos y poderosos ingredientes a su proceso sanador. Y la historia del abuso sexual de Estela es un ejemplo del empleo de este principio terapéutico eficaz.

Práctica terapéutica

Algunas ideas para transformarse en un catalizador de cambios después de ser víctima de un abuso, son:

1. Atender y cuidar el propio proceso terapéutico sanador. Priorizar la propia sanación es un acto de auto amor indispensable para obtener y mantener el bienestar psicoemocional.
2. Practicar la mentoría. Transformarse en mentor de otros que padecen o han sufrido eventos traumáticos posee poderes sanadores para ambas partes. Al ser mentor de otros se dispone de espejos donde se observan las propias cicatrices ya sanadas.
3. La empatía y la aceptación positiva incondicional poseen poderes terapéuticos más allá de ser recursos técnicos de la psicología. Estas son energía revitalizantes y renovadoras de las motivaciones intrínsecas y extrínsecas para mantener el auto cuidado sanador.
4. Agregar y mantener un diario de gratitud relatando de forma sistemática los pasos y los avances del proceso terapéutico sanador. La gratitud posee un poder sanador intrínseco a su esencia vital.

Hay historias humanas que están marcadas por serios trastornos mentales que inhiben algunas capacidades para tomar decisiones saludables, como puede ser la de practicar el arte de sanar los traumas de la niñez -

Palabra terapéutica

Atender la salud mental y emocional de cada ser humano no es un lujo, es una necesidad apremiante de estar vivo, y que garantiza el seguir vivo...

Héctor Williams Zorrilla

Héctor Williams Zorrilla

Capítulo 7.

El arte de sanar los traumas de la niñez, enfermedades mentales, trastornos de la personalidad, y abuso de sustancias.

Cada genograma familiar es un espejo viviente de toda la humanidad.

Todas las historias parabólicas de vida cruzan mapas diversos y complejos para su manifestación biológica y geográfica.

Estos mapas de las historias parabólicas de vida son además generacionales, y se funden en diversos y variados genogramas familiares.

Los genogramas familiares describen y explican cada historia parabólica de vida de todas las historias parabólicas que componen el mapa familiar de generación en generación.

Cada vida es una historia en sí misma, pero también es una historia sumada a otras historias de vida que se agregan contenidos genéticos, biológicos, históricos, culturales, y raciales unas a otras.

Los 23 cromosomas que cada padre biológico aporta a las historias de vida de sus hijos no son suyos de manera exclusiva, sino, que estos son cromosomas generacionales que se extienden a tiempos inmemoriales.

Héctor Williams Zorrilla

Así que, las historias sumadas de vida de las familias son parabólicas generacionalmente, y habitan en los mapas de toda la humanidad. En término generacional, la humanidad es un poblado pequeño donde todos se conocen.

Cada historia de vida parabólica está entrelazada con otras historias de vida también parabólicas. Cada familia es un ejemplo viviente de esta realidad biológica y sociocultural.

Las enfermedades mentales, los trastornos de personalidad y el abuso de sustancias, son componentes de muchos genogramas y mapas familiares, porque ellas vienen a ser elementos vitales de sus historias parabólicas de vida, tanto en lo personal como en lo familiar y societario.

Los genogramas y los mapas familiares

Es importante que el arte de sanar los traumas de la niñez comprenda las historias parabólicas de vida de cada persona y de cada familia, lo cual puede lograrse mediante el estudio científico de sus genogramas y mapas familiares. Los genogramas y mapas familiares son instrumentos indispensables para estudiar, conocer, y comprender todas las estructuras emocionales, psicológicas, espirituales y socioculturales que componen a cada familia humana.

Por lo tanto, el arte sanar los traumas de la niñez se mueve por los espacios de las enfermedades mentales más severas y caprichosas. Algunas de ellas no tienen curas definitivas todavía, pero sí se pueden aliviar, permitiendo que quienes las padecen aprendan a mantener controlados sus síntomas.

El concepto clave del arte maravilloso y mágico de sanar los traumas de la niñez es crear y mantener bienestar psico-emocional para todos.

Decidí incluir este capítulo, para que los lectores puedan adquirir una perspectiva más amplia y completa del título de este libro: El arte de sanar los traumas de la niñez.

Los temas que trata este capítulo son amplios, y aquí solamente se resumen de forma sintética para ilustrar la complejidad del título del libro.

El arte de sanar los traumas de la niñez es un tema complejo con una amplia y variada amalgama de fenómenos que lo definen e implican.

El DSM-5 (Manual de Diagnóstico y Estadísticas de los Trastornos Mentales)

Presentamos estas informaciones extremadamente resumidas, solo para provocar la percepción de la complejidad del título y de los temas que pudiera abarcar de este libro.

Por ejemplo, el último Manual de Diagnóstico y Estadísticas de los Trastornos Mentales publicado por la APA, el DSM-5, contiene cerca de 300 diagnósticos o desórdenes mentales, organizados en 19 categorías. El más común de estos desórdenes mentales es el desorden de ansiedad.

Un poco de historia de los diagnósticos mentales

El DSM-1 solamente contenía 102 desórdenes mentales, el DSM-2 tenía 182, en el DSM-3 habían 265, y el DSM-4 tenía 297.

El proceso que sigue la APA para aprobar un nuevo diagnóstico mental es complejo y no es material para este libro.

Los espectros de la esquizofrenia y otros desórdenes psicóticos

Este tipo de desórdenes mentales es el más complejo y severo. La esquizofrenia y los desórdenes psicóticos no tiene cura en la actualidad, pero sus sus síntomas sí pueden mantenerse controlados con medicamentos.

En términos de salud mental estos desórdenes mentales son severos, y se conoce ahora que sus síntomas aparecen en familias, indicando una combinación de herencia y el modelo de crianza que se aprende en el entorno familiar.

El arte de sanar los traumas de la niñez atraviesa todos los espectros de la salud mental y el bienestar emocional de cada ser humano.

El DSB-5 enumera y describe diez desórdenes de la personalidad, los cuales se enumeran a continuación:

Definición:

Los desórdenes de personalidad son patrones de conductas y de pensamientos inflexibles que afectan la vida laboral y social, y que se desvían de lo que se considera "normal" en la cultura de una persona.

Síntesis de los diez desórdenes de personalidad:

1. Personalidad paranoide: desconfianza y sospecha generalizada hacia los demás, desconfianza extrema interpretando las intenciones de los demás.

2. Personalidad esquizoide: dificultad para expresar las emociones, desinterés y desapego general hacia las relaciones sociales.

3. Personalidad esquizotípica: rasgos de personalidad donde la persona luce extraña y excéntrica, debido a sus patrones de conductas en las relaciones interpersonales.

4. Personalidad antisocial: engaño, manipulación, desprecio por los demás, irresponsabilidad social.

5. Personalidad límite: desregulación emocional, vacío interior y relaciones sociales inestables.

6. Personalidad histriónica: manejo inadecuado de las emociones y la búsqueda enfermiza de atención.

7. Personalidad narcisista: falta de empatía, necesidad de admiración, auto-grandiosidad.

8. Personalidad evitativa: baja autoestima, miedo intenso al rechazo y la evitación de situaciones o interacciones sociales.

9. Personalidad dependiente; dificultad para tomar decisiones sin la ayuda de los demás, necesidad excesiva de atención y el cuidado de los demás.

10. Personalidad obsesiva-compulsiva (TPOC o TOC): dificultad para completar tareas cotidianas, y la preocupación excesiva por el orden, el control y la perfección.

Claramente, el arte de sanar los traumas de la niñez transita por los caminos escabrosos de los desórdenes de personalidad.

Abuso de substancias

Ahora sabemos que el abuso de substancias es una enfermedad del cerebro.

La substancia que se abusa secuestra el sistema de recompensa del cerebro humano, de modo que la substancia toma el control de la producción de las hormonas de placer o felicidad, de las cuales, la más predominante es la dopamina.

No nos comemos, bebemos o injectamos la dopamina, sino, que esta la produce el cerebro naturalmente. Pero el abuso de las drogas bloquea esta producción natural de dopamina por parte del cerebro humano.

La descripción de los diferentes tipos de drogas y de sus poderes adictivos no es material para este libro.

Una corta historia. Julio

Julio era un joven inteligente, lector voraz de libros y extrovertido,

A los 16 años de edad, cuando terminaba la escuela secundaria, empezó a experimentar episodios esquizofrénicos y paranoicos. Se encerraba en su cuarto por varios días expresando que "él era Jesucristo", y que había regresado para salvar el mundo.

Sus padres lo llevaron a un médico psiquiatra para una evaluación.

El diagnóstico estaba claro: Julio había desarrollado una esquizofrenia paranoica, que generalmente sale a la superficie durante la adolescencia.

En la historia familiar de Julio aparecía que su madre biológica padecía de la misma enfermedad mental, la cual estaba presente en las generaciones familiares anteriores a ella.

La esquizofrenia paranoica no tiene cura hasta ahora, pero sus síntomas se pueden controlar con medicamentos constantes y sistemáticos.

La mente de Julio, el joven inteligente y lector voraz de libros, era inquieta, perspicaz y en constante búsqueda de lecturas filosóficas, psicológicas, sociológicas e históricas. Él amaba la vida intelectual, y se inscribió en varias universidades para cumplir su sueño académico añorado: graduarse como psicólogo y ser profesor universitario.

Julio no pudo lograr ese sueño, porque nunca pudo controlar los síntomas de la esquizofrenia paranoica que padecía. Tan pronto se sentía "bien", Julio dejaba de tomar sus medicamentos, y de inmediato experimentaba otra recaída de los síntomas de esquizofrenia y paranoia.

Después de casarse varias veces, Julio murió por complicaciones médicas.

Lo que nunca murió de él fue su amor por los libros, la vida intelectual, la música clásica, sus sonrisas, carácter alegre y feliz, y su amor por la vida.

El arte sanar los traumas de la niñez

La historia de Julio es un caso tipo de una esquizofrenia paranoica. Existe alguna evidencia que estas aparecen y se desarrollan en las familias siguiendo patrones genéticos, no tan claros todavía, y patrones de modelos familiares de crianza.

La madre biológica de Julio al igual que su abuela materna sufrían de esquizofrenia paranoica.

Hechos terapéuticos importantes

1. Los padres de Julio buscaron ayuda médica tan pronto los síntomas se exhibieron en la vida del adolescente.
2. Esto contribuyó para que Julio fuera evaluado y diagnosticado temprano en conjunto con el tratamiento.

3. Julio seguía el tratamiento hasta que los síntomas severos desaparecían, pero, tan pronto él se sentía "bien y curado", abandonaba los medicamentos y la descomposición de los síntomas regresaba.

4. Julio era un lector asiduo de libros de psicología, lo que lo hacía un paciente consciente de su situación médica.

Una corta historia. Marietta

Marietta era la cuarta hija nacida en una familia de seis, quien poseía marcadas diferencias conductuales con sus hermanos y hermanas.

Ella era una niña vivaz y extrovertida que en un momento se mostraba alegre y feliz como si disfrutara del paraíso, y de repente, caía en un estado melancólico y triste, como si su estado de ánimo ingresara al infierno.

Marietta solo pudo terminar el octavo grado, porque a partir de ahí, sus síntomas la llevaron a la deriva por los caminos de la manía y la depresión constante.

Ya en su adolescencia, Marietta entró al mundo oscuro de las drogas ilícitas, mezclando sus medicamentos recetados con ellas. Esta conducta le aseguró un doble diagnóstico: bipolaridad por un lado, y abuso de substancias por el otro.

En su adultez, cargando sobre sus hombros estos diagnósticos pesados, Marietta seguía poseyendo una sonrisa de niña feliz. Y cuando la porción de la manía la poseía, ella se tornaba seductora y decidida para conquistar a cualquier hombre que le dirigiera una palabra.

Marietta no fue diagnosticada y tratada durante la niñez lo que propulsó y empeoró los síntomas de su desorden bipolar en la adolescencia y adultez.

El arte de sanar los traumas de la niñez

El desorden bipolar es una enfermedad mental severa y debilitadora. Sus síntomas recurrentes bailan entre la manía, estados delirantes de eufórica alegría y felicidad, y la depresión, estados psicoemocionales que impulsan a danzar con la misma muerte.

La vida de Marietta dependía de estas dos cascadas psicoemocionales que la mantenían prisionera de sus estados anímicos.

Hechos terapéuticos importantes

1. Marietta no fue diagnosticada y tratada al inicio de su desorden bipolar lo que le abrió puertas a sus síntomas dañinos.
2. Marietta agregó otro diagnóstico, abuso de substancias ilícitas, al diagnóstico de desorden bipolar que ella ya poseía.
3. La combinación de estos dos diagnósticos producen resultados letales y catastróficos en sus víctimas, porque hasta este momento ninguno de los dos tiene pronóstico de curación.
4. Marietta puede recibir tratamiento de medicamentos para su desorden bipolar y tratamiento terapéutico para el abuso de substancias ilícitas.

Una corta historia. Rolando

Rolando nació en una familia disfuncional donde ambos padres eran alcohólicos.

Era un niño bien parecido físicamente, alto y con una sonrisa agradable.

A los 14 años de edad, empezó a beber cerveza que conseguía por medio de amigos adultos.

Rolando abandonó la escuela y entró al mundo tenebroso del alcohol y de "ganar dinero fácil" vendiendo su cuerpo.

A los 20 años de edad, Rolando vivía sin hogar fijo, durmiendo "donde las noches lo encontraran". Se convirtió en un vagabundo de las calles pidiendo dinero, y prostituyéndose regularmente.

Un día, un tío suyo que regularmente le daba dinero cuando lo veía por las calles, lo encontró tirado en el suelo boca arriba. Creía que a lo mejor estaba borracho y se acercó, trató de despertarlo, pero Rolando estaba muerto.

Su tío recordó que ese día era el cumpleaños número 28 de Rolando.

El arte de sanar los traumas de la niñez

Nacer de una familia disfuncional, como fue el caso de Rolando, presagia un pronóstico negativo.

Durante la niñez se aprende por modelo o aprendizaje vicario, como lo demostró fehacientemente el Dr. Bandura con sus estudios clásicos.

Criados en familias disfuncionales los niños aprenden a pensar, sentir, percibir, hablar y a actuar y comportarse con signos y síntomas disfuncionales.

Hechos terapéuticos importantes

1. Nacer y criarse con padres biológicos alcohólicos es uno de los peores ambientes para criar un niño, y además, una fuente de eventos traumáticos.
2. Rolando no pudo traspasar las barreras de las disfunciones familiares donde nació y se desarrolló, y su vida física terminó en los abismos que crean las disfunciones familiares no tratadas.
3. De haber recibido terapia familiar efectiva, la historia parabólica de esta familia, incluyendo la de Rolando, se hubiese escrito con un guión con un final diferente.
4. La terapia familiar efectiva posee el poder de cambiar la trama histórica de una familia.
5. El arte de sanar los traumas de la niñez camina por los senderos luminosos de la terapia familiar efectiva.

La frase clave del arte sanar los traumas de la niñez dice: bienestar psicoemocional para todos.

El silencio frente a una pregunta importante podría ser una respuesta contundente.

Héctor Williams Zorrilla

Cuando mi vida fluye entre ser padre, adulto, y niño, todo a mi alrededor tiene sentido, porque entonces comprendo cabalmente las metamorfosis de las mariposas.

Héctor Williams Zorrilla

Capítulo final

Cuando terminaba de escribir este libro, me acordé del Dr. Erik Berne, un psiquiatra genio que desarrolló y fundó el Análisis Transaccional (AT).

El padre es un adulto, pero sigue siendo un niño en sus esencias vitales de humanidad encarnada.

Los tres estados del YO

Amar a mi adulto es amar también al niño que llevo dentro.

Mi niñez continúa jugando al escondite entre los árboles,

y estos observan las fantasías infantiles volar junto a las mariposas recién fabricadas por la metamorfosis.

En mi YO interior,

soy padre, adulto y niño al mismo tiempo,

transitando con la vida adherida a las pestañas.

Amo a mi YO padre porque me permite crear generaciones de vida.

Amo a mi YO adulto porque expande mis percepciones de la vida.

Amo a mi YO niño porque me permite ser vulnerable y tierno como un pétalo de rosas rojos.

La niñez es parecida a un pequeño pajarito azul llamado colibrí.

Pasea sus alas setenta veces por segundo entre las ramas de los árboles buscando flores silvestres.

La niñez es un colibrí juguetón buscando anidar en un lugar seguro.

Héctor Williams Zorrilla

El padre, el adulto y el niño

En mi libro "La psicología del amor: El amor romántico (para aprender a amar)", yo planteo que la identidad hace referencia a la estructura del YO, mientras que la autoestima apela a los valores del YO. El YO es la esencia vital del Ser o Self, lo que algunos teóricos, como es el caso del Dr. Carl Rogers, prefieren dividir entre el Self real y el Self falso

En el mismo libro de referencia yo dedico varias páginas a los conceptos del Dr. Freud respecto al amor romántico en relación al tema del YO, paradigma a lo él dedicó muchas páginas.

Todas las emociones se expresan para aumentar el auto valor del YO de sus participantes

Todas las emociones humanas procuran acrecentar o aumentar el valor de las personas que las expresan, es decir, aumentar el valor del YO. Esta es la respuesta fundamental a la pregunta de, ¿por qué las personas se enamoran de otras personas? La respuesta más fundamental a la pregunta dice que, al enamorarse las personas procuran aumentar el valor de su YOES mediante la creación de un YO compartido de manera mutua.

Pero este hecho no es exclusivo de la expresión del amor romántico a través de su etapa inicial denominada el enamoramiento.

Todas las emociones humanas al expresarse intentan de alguna forma incrementar el valor del YO de la persona que la expresa o exhibe.

Cuando el YO expresa la emoción del enojo y la ira, dice: "con la misma fuerza que siento tu irrespetuoso comportamiento te respondo y me alejo de ti".

Y al hacerlo, el YO protege su auto valor porque se siente amenazado por la otra persona.

Cuando el YO exhibe las emociones del amor, la alegría y la felicidad, dice: "la vida es bella, y ahora disfruto de estos torrentes y aluviones momentos de bienestar que merezco recibir".

Y al hacer esto último, el YO suelta sus cadenas para acrecentar sus valores positivos.

Los valores de la identidad o estructura del YO vs los los valores de la autoestima del YO

En la vida adulta aumentar los valores de la identidad o estructura del YO es más complejo que incrementar los valores de la autoestima del YO. En general, estos dos componentes de la personalidad humana se tornan cruciales durante la adolescencia.

Los valores de la identidad o estructura del YO empiezan a formarse en las fases tempranas del desarrollo humano. Es mediante este proceso complejo que cada ser humano pasa de un ser indiferenciado a un ser con identidad propia mediante el proceso socializador. Durante la fase de la adolescencia este proceso cobra fuerza, porque se une otro proceso: la adquisición de la identidad sexual.

Los valores de la autoestima del YO son más fluctuantes y extienden sus raíces por todo el proceso de la vida humana.

Incrementar el valor de la identidad o estructura del YO es un aprendizaje que los niños empiezan temprano durante el proceso del desarrollo. En las primeras fases del desarrollo infantil este aprendizaje se adquiere por modelamiento o de forma vicaria, observando cómo se comportan los adultos significativos.

En la propuesta del desarrollo psico sexual según el Dr. Freud, este aprendizaje empieza en la boca o fase oral del desarrollo. El niño se lleva todo a la boca, que simboliza su espacio de placer y de control, recordando el placer intenso que experimenta al chupar los pechos de su madre.

Aunque el niño no se perciba separado de los objetos en esta fase del desarrollo, su YO está marcando los valores de su identidad al poseer objetos que él controla y es capaz de llevar a su boca.

Todas las propuestas del desarrollo humano, incluyendo la del Dr. Jean Piaget, señalan hacia la dirección del incremento de los valores de la identidad o estructura YO infantil y de la adolescencia.

En la vida adulta, acrecentar los valores de la autoestima del YO cobra mayor importancia, porque se supone que en la adultez los valores de la identidad o estructura del YO están establecidos y balanceados.

El arte de sanar los traumas de la niñez, los tres estados del YO según el Dr. Erik Berne, y la autoestima, están estrechamente conectados.

¿Cuánto valor posee mi YO?

Los sentimientos y las percepciones acerca del valor del YO emanan de los gradientes de autoestima que posee cada persona cuando se hace la siguiente pregunta:

¿Quién soy YO?

Las respuestas a esta pregunta están conectadas con el valor del YO que cada persona percibe que posee.

Y cada persona siente y percibe el valor de su YO de acuerdo a los valores positivos o negativos de su autoestima, la cual indica la medida y el estándar del auto valor.

El valor de la autoestima del YO se expresa hacia afuera de la persona como auto imagen, y hacia dentro como auto valor.

Estas dos formas de las expresiones de la autoestima del YO necesitan poseer consenso homeostático para que el YO funcione saludablemente.

El proceso mediante el cual el YO emerge durante la infancia y la niñez es mágico y maravilloso.

Primero, utilizando procesos biológicos complejos, un protoplasma indiferenciado, que se origina de un óvulo fecundado por un espermatozoide, se transforma en un ser diferenciado.

Y luego al nacer, ese mismo ser diferenciado adquiere y desarrolla el valor de su propio YO que lo convierte en un ser psicosocial y humano.

Tanto la estructura del YO que se expresa mediante la identidad como los valores del YO expresados en la autoestima son componentes vitales de la personalidad humana.

Los rasgos de la personalidad hacen a cada ser humano único e irrepetible.

Y los rasgos de la personalidad de cada ser humano están sintetizados en su identidad o estructura del YO, y en su autoestima o los valores del YO.

Las emociones y las formas de expresarlas habitan en las casas de la identidad y de la autoestima de cada ser humano.

Estas casas emocionales, lo que ahora se llama inteligencia emocional, tienen que mantenerse limpias y ordenadas, porque ellas son las expresiones vivientes de la estructura del YO y de los valores del YO de cada persona.

El arte de sanar los traumas de la niñez, la autoestima y la psicoterapia

La intención al escribir este libro es que todas sus páginas destilen poderes terapéuticos.

Los traumas no resueltos saludablemente afectan de forma negativa la autoestima de sus víctimas.

En otras palabras, los traumas no resueltos impactan negativamente tanto la identidad o estructura del YO, como la autoestima o los valores del YO de sus poseedores.

Y es precisamente en este espacio psicosocial donde aparece la utilidad de la psicoterapia.

Existen muchos y diversos enfoques de terapia que pueden aplicarse y ser útiles para diferentes procesos terapéuticos. En este libro hemos mencionado varios enfoques terapéuticos, y en cada práctica terapéutica mencionamos técnicas específicas que pueden aplicarse en la aplicación del arte de sanar los traumas de la niñez.

El lenguaje del amor en la niñez

Después que se alcanza la madurez sexual, procrear niños es una tarea que puede realizarse con relativa sencillez, si sus protagonistas poseen óvulos y espermas sanos.

Criar niños psicosocial y emocionalmente saludables posee diferentes contenidos en comparación a simplemente procrearlos.

Conocer y practicar el lenguaje del amor de la infancia y la niñez es un requisito sine qua non que debe poseerse para criar niños saludables.

Decirle a un niño "te amo, te amo, te amo" es abrirse las puertas del paraíso de su desarrollo saludable de par en par.

Las palabras y el lenguaje del amor en la niñez

Te amo, te amo, te amo

Viniste al mundo en amor y por amor.

Eres un niño valioso y amado.

Eres lo mejor que le ha sucedido a tu madre o padre.

No existe nada equívoco en ti y eres especial.

Tu vida es bella y maravillosa.

El toque y los abrazos con ternura

Tocar y abrazar con ternura a un niño es enseñarle el lugar exacto donde se encuentra el paraíso que origina la felicidad interior.

Las expresiones faciales y los gesto

Durante la infancia y la niñez, ver y experimentar una sonrisa alegre en el rostro de un ser amado cuenta mucho más que mil palabras.

Las miradas

Los espejos de los infantes y de los niños son las miradas felices de las personas que les ofrecen afecto y seguridad.

Los juegos

En la infancia y la niñez, conjugar el verbo jugar abre las puertas de la imaginación, la fantasía y la facilidad de par en par, para entrar por ellas y descubrir las delicias de vivir la vida saludablemente.

Escuchar

Al escuchar atentamente las historias de los niños, ellos descubren ambos, la estructura de su YO, y los valores de su YO. Escuchar a un niño es contribuir con la construcción y el desarrollo de su identidad y de su autoestima.

Práctica terapéutica

El valor de la autoestima del YO y las pausas

Podemos expresar el auto amor de diversas maneras, pero todas ellas se resumen en el auto cuidado y el bienestar.

Al pausar nos preguntamos, ¿estoy respirando en este momento?

Ponemos pausas cuando conscientemente nos detenemos con el objetivo primario de recuperar energías y revitalizarse.

Por ejemplo, cuando dormimos nuestro cerebro y cuerpo se restauran y renuevan.

Auto cuidarnos nos invita a descansar y reposar, es decir, a detenernos y cambiar los ritmos de las ondas del cerebro, lo que impacta nuestros pensamientos, emociones y actos.

¿Hemos aprendido a poner pausas?

Las pausas son instrumentos terapéuticos sanadores de nuestro YO.

Hector Williams Zorrilla es psicólogo, autor y profesor universitario de psicología y sexualidad humana. Algunos de sus libros publicados son:

"La psicología del amor: El amor romántico (para aprender a amar", "El árbol de tu vida: tu mente es el terreno, tus pensamientos son las semillas", "Los reinos de la ternura (relatos cortos)", "De amor y de sueños (relatos cortos". "Sexo es lo que somos, no lo que hacemos (la sexualidad científica en el mundo de hoy)", "Encontrarse consigo: la magia del coaching (El arte acompañamiento para transformarse en una mejor versión)" estos dos últimos con Jenifer M. Vanderhorst).

Licda. Linandra Javier, escribió el prólogo # 1. Ella es psicóloga clínica con especialidad en el tratamiento del duelo e intervención en crisis y situaciones traumáticas.

Licda. Natividad Rondon, escribió el prólogo # 2.
Ella es psicóloga educativa con especialidad en neuro educación.

www.ingramcontent.com/pod-product-compliance
Lightning Source LLC
Chambersburg PA
CBHW060657100426
42735CB00040B/2868